Julian Klaczko

Le Congrès de Moscou et la Propagande panslaviste

Histoire

ISBN : 978-1981657544

10 9 8 7 6 5 4 3 2 1

Julian Klaczko

Le Congrès de Moscou et la Propagande panslaviste

Histoire

Table de Matières

Introduction

Avec la rare énergie qu'il savait mettre dans l'expression des vérités lumineuses aussi bien que des paradoxes bizarres, M. de Maistre a parlé un jour de la chaîne par laquelle les peuples sont attachés au ciel : la chaîne est souple et nous retient sans nous asservir ; mais elle se raccourcit brusquement à l'approche de ces moments mystérieux que dans l'histoire on nomme de grandes catastrophes, l'action de l'homme diminue alors, ses moyens le trompent, et il est entraîné par une force inconnue... Cette vigoureuse image s'impose involontairement à l'esprit qui essaie de comprendre les vicissitudes et les épreuves du temps présent. Évidemment *la chaîne s'est raccourcie*, l'action de la liberté individuelle a diminué dans les événements auxquels nous assistons, nos moyens nous ont trompés, et une force aveugle et toute matérielle désagrège les éléments de la république européenne. La condition purement physiologique du sang, de l'origine, de l'espèce, se substitue à l'organisme complexe produit par les siècles, à l'œuvre d'une civilisation longue et laborieuse, et nous revenons à l'état de nature par un détour que n'a point rêvé la fantaisie de Rousseau, par le sentiment de la *race*. L'histoire physique l'emporté sur l'histoire politique, religieuse et civile, et la désolante théorie de Darwin sur la disparition forcée des espèces faibles étend sa loi jusque dans le domaine moral de l'humanité chrétienne. Il n'y a plus de place dans ce domaine pour les petits états, les petits peuples, dont chacun cependant a une histoire, une littérature et une individualité distinctes, — un génie, une âme ! — l'avenir est aux unités immenses et aux grandes agglomérations. Chose plus étrange encore, ce n'est que dans de pareilles agglomérations que les peuples croient de bonne foi trouver les moyens de leur développement et de leur progrès ; ce n'est que dans ces fortes unités qu'ils espèrent faire de grandes choses et bien mériter de la civilisation. Comme si la mince Judée et ce point imperceptible que Socrate pouvait à peine découvrir sur le globe, et qui cependant s'appelait Athènes, n'avaient pas fait plus pour l'humanité que les monstrueuses agglomérations d'Assyrie et de Babylone ; comme si les annales de telle petite ville de l'Italie du moyen âge, Florence, Pise ou Sienne, ne primaient pas tout le *corpus Byzantinorum* !... C'est là peut-être une des émanations naturelles de notre démocratie moderne, démocratie sans idéal qui ne fait que compter et réduit tout à une question de chiffres ; mais c'est avant tout, dans la sphère de la vie politique, la plus forte expression de ce positivisme aride et omnipotent de nos jours, qui élimine toute idée générale, toute notion spirituelle et métaphysique, et ne voit partout que « forces et matières... »

Une réaction est cependant sur le point de se produire, une réaction salutaire, et après avoir beaucoup trop longtemps donné dans le courant qui emportait tout le monde, les esprits généreux et vraiment libéraux commencent à revenir de l'aberration étrange, à se dire avec le prophète de la Bible que *là n'est point la voie...* L'intérêt presque universel qu'excite aujourd'hui l'Autriche est sous ce rapport un symptôme consolant, un phénomène très curieux même. Qui aurait cru il y a quelques années, quelques mois à peine, que cet empire des Habsbourg, point de mire de tant d'attaques et de malédictions, deviendrait encore populaire, deviendrait le mot d'ordre du patriotisme européen et une des espérances de la grande cause libérale ? Tel est pourtant le spectacle que nous voyons sous nos yeux, et il n'est pas jusqu'aux ennemis autrefois les plus implacables de cette vieille monarchie, jusqu'à ces publicistes qui encore au lendemain, de Sadowa demandaient la disparition de cette « Turquie chrétienne, » qui ne fassent maintenant les vœux les plus ardents pour sa conservation. C'est que l'on a le vague sentiment que nous touchons à un moment de crise suprême, à un point culminant du débat entre la fatalité et la liberté, débat incessant et qui durera autant que l'humanité, mais qui revêt des formes toujours (nouvelles, et qui à l'heure présente s'appelle le débat entre la fatalité de la race et la liberté des nations ! Parviendra-t-on à consolider en Europe entre la Russie et la Prusse un état intermédiaire et capable de les disjoindre d'une manière efficace, un état devenu, d'autant plus nécessaire à l'équilibre du monde que ces deux puissances ont démesurément grandi ? Les peuples qui s'étendent le long du Danube et de la Vistule et qui, — tantôt sous le nom de grande Moravie ou de couronne de saint Etienne, de royaume des Jagellons ou *d'Ostreich*, — ont de tout temps et comme instinctivement cherché à former une fédération d'états qui pût assurer leur indépendance politique et leur développement national, ces peuples pourront-ils être maintenus dans un faisceau commun et conservés à la civilisation occidentale, ou bien ce faisceau serait-il définitivement rompu, et ses éléments iront-ils s'engloutir dans une agglomération quelconque de race ? C'est ainsi que la question de l'Autriche se trouve posée devant l'homme d'état ou le publiciste, l'historien ou le penseur, devant tous ceux, enfin à qui les intérêts de la liberté et de l'individualité humaines sont demeurés chers. Et certes, si l'opinion éclairée de l'Occident pouvait par son seul poids faire pencher la balance de l'un des côtés, si les vœux seuls de toutes les âmes bien nées suffisaient à faire surmonter les obstacles et à écarter les dangers, — *si Pergama dextra…* — la réponse à une pareille question ne serait point longtemps douteuse.

Les dangers sont grands en effet, et ils ne viennent pas exclusivement ni même principalement de la situation intérieure de l'Autriche, de son état économique, financier et administratif, de la difficulté, enfin qu'elle éprouve à coordonner et à constituer ses éléments nationaux et vitaux ; cette difficulté même, elle procède bien plus du dehors, que du dedans, et les efforts politiques se brisent précisément contre cette force physique et, matérielle du sang, de l'origine et de l'espèce dont il a été parlé plus haut. A peine, M. de Beust, après de longues et pénibles transactions avec la Hongrie, venait-il, au commencement du printemps, de planter à Pesth et à Vienne le drapeau de la liberté constitutionnelle, — drapeau bien peu développé encore sans doute et flottant au hasard, mais qui suffisait pour servir de signe de ralliement, — que dans un empire voisin se dressait tout à coup l'étendard opposé, l'étendard de la race, le symbole de la fatalité, provoquant aux défections et aux désaffections et sapant par la base l'œuvre qu'on avait ébauchée. Au moment même où les deux parlements de l'Autriche allaient être réunis, commençait en Russie une agitation tumultueuse qui, tantôt sous le nom d'*exposition ethnologique* et tantôt sous celui de *congrès slave* ou *congrès de Moscou*, a fasciné pendant des mois entiers les populations slaves de l'empire des Habsbourg et leur a donné une impulsion aussi dangereuse pour l'existence de cet empire que préjudiciable aux intérêts de l'Europe. C'est sûr cette page trop peu connue de l'histoire contemporaine, — de l'histoire d'hier et d'aujourd'hui, — qu'on voudrait attirer l'attention dans le récit qui va suivre. Peut-être cette étude ne manquera-t-elle pas tout à fait d'intérêt ; elle remplira dans tous les cas une lacune sensible dans les informations qu'on a généralement sur l'état des peuples de l'est et du nord, et montrera une des faces les plus menaçantes et les plus voilées du grand problème européen.

Section I

Dans une récente discussion de la chambre française, le principal ministre n'a pas hésité à déclarer que la journée du 4 juillet 1866 « a été une journée pesante pour les hommes qui appartenaient au gouvernement, une journée d'angoisses patriotiques. » Pareilles angoisses agitèrent à ce moment et en sens divers plus d'un homme d'état, plus d'un pays, et la Russie ne fut pas la dernière à mesurer d'un regard inquiet les suites probables de la fatale campagne de Bohême. Les prodigieux succès militaires de la Prusse, ses envahissements et annexions, ne pouvaient que faire une vive impression sur un peuple voisin, aux ambitions vastes et séculaires, si jaloux de sa position dans le monde, si constamment dominé par l'esprit de conquête. L'impression fut toutefois loin d'être hostile à M. de Bismark et au nouvel ordre de choses qui allait s'établir, bien que certains esprits raffinés à Paris se fussent alors ingéniés à démontrer que la Prusse agrandie et maîtresse de toute l'Allemagne deviendrait forcément l'alliée naturelle de la France, le bouclier resplendissant de la civilisation et l'ennemie implacable de la Russie. « C'est là une prophétie que *fera* encore un jour le grand Merlin, car moi je vis plusieurs centaines d'années avant lui,… » dit quelque part dans *le Roi Lear* le clown aux profondes boutades. La Russie pensa exactement comme le fou judicieux de Shakespeare ; elle renvoya aux siècles futurs les grands Merlins de la « politique de l'avenir ; » elle s'en tint au présent et se contenta de se demander si la bataille de Sadowa ne venait pas de livrer décidément l'Europe centrale aux Hohenzollern et l'Europe orientale aux Romanov ?… « La Prusse à ses plans arrêtés, écrivait déjà le 10 décembre 1829 le comte Nesselrode dans une dépêche confidentielle demeurée célèbre, et l'objet de son ambition est à sa portée. *Ce n'est pas la Russie qui pourra souffrir de ses projets* ; elle restera libre et maîtresse d'accomplir ses propres résolutions : .. » Telle fut la pensée intime du cabinet de Saint-Pétersbourg du temps même de l'empereur Nicolas, le champion déclaré de la légitimité et de l'ordre, et certes la Russie de nos jours sacrifie moins qu'à aucune autre époque aux vulgaires préjugés du *statu quo* et de l'ordre établi. Le patriotisme moscovite ne prit donc nul ombrage de l'ambition plus ou moins assouvie du roi Guillaume Ier ; mais il se mit à proclamer aussitôt, et avec plus de force que jamais, que la Russie avait, elle aussi, une mission à remplir, une « idée » à réaliser, et que le soleil des unités nationales et des grandes agglomérations brillait pour tout le monde. Les mécontentements réels ou factices qui vinrent bientôt agiter les populations chrétiennes de la Turquie, les difficultés que ne cessait d'éprouver l'Autriche dans le règlement de ses affaires intérieures, enfin l'espèce de torpeur, d'alanguissement où semblaient être tombés certains gouvernements autrefois éveillés et remuants, tout cela ne fit qu'alimenter les espérances et échauffer les esprits, et jamais fils de Rourik n'a prononcé avec plus de conviction et d'assurance le célèbre vers du vieux Derjavine : « Encore un pas, et à toi l'univers, ô ma Russie bien-aimée [1] !... »

Rien ne fait mieux comprendre tout cet ordre d'idées dans lequel se meut et se complaît le génie russe depuis la catastrophe de Koenigsgraetz qu'une lecture suivie et attentive de la fameuse *Gazette de Moscou*, le moniteur des passions populaires de la sainte Russie, l'officine d'où partent depuis bientôt cinq ans les mots d'ordre pour l'opinion publique dans le vaste empire des tsars et parfois même des programmes pour les ministres dirigeants à Saint-Pétersbourg. Déjà peu de temps après la conclusion de la paix de Prague (30 octobre 1866), l'organe de M. Katkov déclarait entrevoir à la perspective d'une entente cordiale entre la Prusse et la Russie, » et, sans vouloir encore décider « jusqu'où cette entente pouvait aller, » il posait cependant « comme une vérité incontestable que la marche des événements a fait naître des intérêts qui invitaient les deux puissances à s'allier activement. » La feuille de Moscou affirmait en outre que des ouvertures dans ce sens ont été faites par M. de Bismark, « ouvertures d'autant plus acceptables que la Prusse n'a pas d'intérêts qui lui soient propres en Orient ; sur cette question, le cabinet de Berlin peut prendre, de concert avec la Russie, telle attitude qui lui conviendrait : cela dépendra des avantages qu'on offrirait à M. de Bismark sur d'autres points qui l'affectent plus particulièrement... » Le thème fut depuis repris et développé sous mainte forme et dans maint article jusqu'à ce qu'un *leading* du 17 février 1867 vint lui imprimer la grande consécration d'un principe spéculatif et humanitaire. Le manifeste s'élevait cette fois jusqu'aux cimes escarpées de « l'idée, » il ajoutait un curieux chapitre à la *Scienza nuova* de Vico, — à cette philosophie de l'histoire si honteusement exploitée de nos jours par des ambitions sans vergogne ; — il donnait une vue générale de notre pauvre humanité prise des hauteurs mêmes du Kremlin.

« L'ère, nouvelle se dessine enfin, — y lisait-on, — et c'est pour nous, Russes, qu'elle a une portée particulière. Cette ère est bien la nôtre ; elle appelle à la vie un monde nouveau, demeuré jusque-là dans l'ombre et dans l'attente de ses destinées, le monde gréco-slave. Après des siècles passés dans la résignation et la servitude, voilà enfin que ce monde touche au moment de la rénovation ; ce qui a été si longtemps oublié et comprimé revient à la lumière et se prépare à l'action. Les générations actuelles verront de grands changements, de grands faits et de grandes formations. Déjà sur la péninsule du Balkah et sous la couche vermoulue de la tyrannie ottomane se dressent trois groupes de nationalités vivaces et fortes, les groupes hellénique, slave et roumain. Étroitement unis entre eux par la communauté de leur foi et de leurs destinées historiques, ces trois groupes sont également liés à la Russie par toutes les attaches de la vie religieuse et nationale. Ces trois groupes de nations une fois reconstruits, la Russie se révélera sous un jour tout nouveau. Elle ne sera plus seule dans le monde ; au lieu d'une sombre puissance asiatique dont elle avait jusque-là l'apparence, elle deviendra une force morale indispensable à l'Europe, une civilisation gréco-slave complétant la civilisation latino-germaine, qui sans elle resterait imparfaite et inerte dans son exclusivisme stérile… »

Le hasard a parfois des malices bien ingénieuses. Le hasard voulut que le lendemain même du jour où elle lançait son manifeste, le 18 février, la feuille de Moscou eût à traiter de l'instruction primaire, et qu'entraînée par un zèle du reste très louable elle fît le singulier aveu qui suit : « De tous les états de l'Europe sans exception, c'est la Russie qui fait le moins pour l'instruction populaire, pour l'institution la plus utile et la plus civilisatrice de notre siècle. En Turquie, d'après les données officielles de 1865, il y a 15,000 écoles, avec 600,000 élèves, pour une population de 25 millions. La

Russie, avec une population de 75 millions, n'a environ que 20,000 écoles que fréquentent 8 ou 900,000 élèves, et cela d'après les estimations les plus favorables… » Ainsi cette grande force morale dont on célébrait l'avènement dans des termes si magnifiques, et qui devait raviver notre civilisation latino-germaine, aujourd'hui impuissante et menacée d'un fatal épuisement, cette grande force morale se trouvait être, par rapport à l'instruction populaire, à l'institution la plus utile et la plus civilisatrice de notre siècle, au plus bas de l'échelle européenne, plus bas même que la Turquie vermoulue !… Quelque compromettant toutefois que fût un pareil aveu, il n'empêcha point le fougueux apôtre de « l'ère nouvelle » de revenir à son *porro unum necessarium*, de multiplier les preuves messianiques et de défier les hommes de peu de foi, « Si la France, s'écriait-il le 7 avril, soutient par les armes et par son influence politique la renaissance des peuples latins, si la Prusse agit de la même manière vis-à-vis de l'Allemagne, pourquoi donc la Russie, comme unique puissance slave indépendante, ne soutiendrait-elle pas les peuples slaves et n'empêcherait-elle pas les puissances étrangères de mettre des obstacles à leur développement politique ? La Russie doit employer toutes ses forces à introduire chez ses voisins du midi une transformation semblable à celle qui s'est opérée dans l'Europe centrale et occidentale ; elle doit prendre sans la moindre hésitation vis-à-vis des Slaves le rôle que la France a pris à l'égard des peuples latins et la Prusse vis-à-vis du monde allemand. la tâche est noble, car *elle est exempte d'égoïsme* ; elle est bienfaisante, car elle achèvera le triomphe du principe des nationalités et donnera une base solide à l'équilibre moderne de l'Europe ; elle est digne de la Russie et de sa grandeur, elle est immense, et nous avons la ferme conviction que la Russie la remplira… »

C'est sous l'impulsion de pareilles théories, espérances et passions, que fut montée l'*exposition ethnologique* de Moscou, qui devint bien vite le prétexte d'une grande démonstration au dehors, démonstration assez inoffensive en apparence pour écarter tout embarras diplomatique, assez bien calculée cependant pour produire son effet sur des esprits naïfs et inflammables, pour fasciner de malheureuses peuplades déshéritées, plus riches d'imagination que de culture. Notre siècle a ses *arcana imperii* comme tout autre, les phrases sonores qui éveillent l'écho, les mots pompeux et vagues qui charment la simplicité sainte ou béate, les drapeaux vénérés qui couvrent la marchandise suspecte. Tout arrive, alors surtout que cela a commencé par une chanson ou un spectacle ; tel hymne de « Slesvig-Helstein enlacé par la mer » aboutit à une invasion armée, et telles déclamations ampoulées d'un *National Verein* en l'air se changent en fusils à aiguille dans les mains d'un habile ministre. La Russie n'est point à l'ignorer, elle sait qu'à l'encontre de l'antique trilogie c'est par la farce que s'ouvre de nos jours mainte tragédie sanglante ; elle se souvient également que les fameuses « cités en carton » dont se sont tant moqués les contemporains de la grande Catherine lors du voyage en Tauride n'en ont pas moins conduit à la construction de ce Sébastopol qui a fait pâtir l'Europe…

Une cité en carton, — un panorama de papier peint, de papier teint, de papier mâché, avec force figurines en bois et en cire, — ce fut là aussi toute l'*exposition ethnologique* de Moscou, produit bizarre du génie slavo-néo-byzantin, œuvre puérile et rusée, grotesque et sérieuse à la fois, et dont la première pensée remonte à 1864. On était alors au lendemain de l'insurrection polonaise, au lendemain de la fatale intervention diplomatique qui n'a fait que grossir les flots de sang et de larmes sur les bords de la Vistule et de la Wilia. Aux remontrances platoniques de l'Europe en faveur de la Pologne, la nation russe avait répondu par une formidable explosion de haine et de vengeance ; aux timides insinuations d'une autonomie pour l'antique royaume des Jagellons, elle avait opposé avec rage le principe de « l'unité et de l'intégrité de l'empire. » Ce fut précisément comme un des moyens d'affirmer ce principe et de le proclamer hautement à la face du monde que la *Société des amis des sciences naturelles de Moscou*, proposa d'organiser une exposition ethnologique qui représenterait les « types » divers des peuples réunis sous le sceptre du tsar, avec leurs costumes, leurs armes, leurs ustensiles domestiques, leurs habitations, leurs flores, — avec tout ce qu'un Bias boréal des rivages du Volga ou de l'Irtiche pouvait porter sur lui comme philosophique enseignement à l'adresse d'un Occident relâché et fanfaron. On voulait ainsi se donner le réjouissant spectacle de l'immensité et de la magnificence de la patrie, offrir l'image réduite de la sainte

Russie aux adorations des fidèles.

Il faut bien le dire cependant, l'ingénieuse conception de la *Société des sciences naturelles* n'eut point de prime abord tout le succès désirable. Assez favorablement accueillie par quelques lettrés et fins connaisseurs, elle laissait les masses indifférentes et préoccupait peu le public ; elle languissait visiblement et s'acheminait même peut-être vers le néant, quand les événements de 1866 vinrent tout à coup lui donner un relief, une faveur inespérée, un souffle bien autrement vigoureux et vivace. Le projet primitif subit alors une transformation, une transfiguration, magique. A l'exposition *russe* se substitua inopinément l'idée d'une exposition *slave*, d'une démonstration éclatante en faveur de l'unité des enfants de la même et grande race, et l'enthousiasme devint général. L'empereur et l'impératrice offrirent des sommes considérables pour subvenir aux frais d'une entreprise si éminemment nationale, le grand-duc Vladimir en accepta la présidence honoraire, de hauts dignitaires de la cour et de l'église se chargèrent de la direction intelligente. Des appels chaleureux furent adressés aux Slaves de l'Autriche et de la Turquie, aux frères tchèques, ruthènes, serbes, etc., pour contribuer à l'œuvre « scientifique » par l'envoi de leurs costumes, armes, ustensiles et photographies ; les sociétés historiques, géographiques, peu ou prou savantes de Prague, de Brünn, de Saraïevo, de Kragouïevatz, furent mises en branle, et les pays du Danube et du Balkan parcourus en tout sens par de nombreux émissaires moscovites, — pionniers zélés d'une « science » passablement occulte, en quête d'adhésions, d'échantillons et de « types. » Le précieux concours ainsi heureusement obtenu, il parut convenable de faire jouir les « frères, » — les plus renommés et les plus marquants du moins parmi eux, — de l'œuvre commune de les inviter à honorer de leur présence la patriotique exhibition, et des comités furent formés sur les divers points de l'empire afin de dignement préparer la réception des « hôtes slaves » sur le sol de la sainte Russie. N'était-il pas évident aussi qu'une rencontre de tant d'hommes illustres amènerait nécessairement un utile échange d'idées et de vues, poserait plus d'un problème grave, vital, et qui demanderait une solution ? A côté de l'exposition slave, il fut donc bientôt parlé d'un *congrès* slave, de réunions fraternelles où l'on s'expliquerait sur les besoins et les intérêts, les espérances et les doléances de la grande patrie commune de la patrie *idéale*... Bien entendu, les discussions seraient purement théoriques, spéculatives, idéales, — les prescriptions de l'autorité étaient très formelles sur ce point, — le tout se passerait dans la sphère paisible et sereine de la science ; mais il y a avec la science des accommodements, alors surtout qu'elle est représentée et dirigée par des chambellans, des colonels et des archimandrites moscovites. Rien de plus curieux que le langage que crut devoir tenir à cet égard (avril 1867) la *Correspondance russe*, l'organe officieux et intime du cabinet de Saint-Pétersbourg [2]. La feuille ministérielle commençait d'abord par rappeler une vérité incontestable et reconnue par tout homme de bonne foi, à savoir que la Russie a de tout temps désiré le bien-être des Slaves, *sans aucune arrière-pensée d'ambition*. « Ceci posé, on ne peut raisonnablement exiger de nous que nous reniions notre passé. Nous laisserons donc croire à nos hôtes qu'ils sont venus chez une nation sœur *dont ils ont tout à attendre* sans avoir rien à craindre d'elle ; *nous écoulerons leurs griefs*, et le récit de leurs maux ne pourra que resserrer les liens qui nous unissent à eux. Si maintenant ils s'avisent d'établir une comparaison entre leur état politique et le nôtre, *nous ne serons pas assez niais* pour leur prouver qu'ils sont dans les conditions les plus favorables du développement slave. Ces conditions, nous les croyons au contraire mauvaises, nous l'avons dit cent fois, et nous pourrions bien le redire encore... »

Longuement mûrie, appuyée de tous les secours « de la science, de l'administration et du patriotisme, » enrichie de dons généreux de tant de « peuples-frères, » l'exposition ethnologique fut enfin inaugurée le 5 mai 1867 dans le *manège* de Moscou, vaste parallélogramme qui fait face aux bâtiments de l'université, et qui, dans les temps ordinaires, sert de lieu d'exercice pour l'infanterie. L'empereur avec toute sa famille, — avec la belle princesse Dagmar entre autres, récemment mariée au grand-duc héritier, — était venu exprès de Saint-Pétersbourg pour assister à cette fête nationale ; les jours suivants, de nombreuses députations des divers « corps savants et administratifs » de l'empire défilèrent à leur tour dans les galeries du *manège*, et pendant près de deux mois tout enfant de Rourik put, moyennant le prix d'entrée d'un rouble d'argent,

rassasier ses yeux des merveilles de l'exposition. Le spectacle était
à coup sûr peu commun, unique même en son genre, bien capable
de transporter d'aise Caliban et de faire enfouir sa baguette à
Prospero jusque dans les noires profondeurs du Tartare. Au milieu
de la grande galerie s'élevait la *loge impériale*, « vaste et élégante
tribune [3], » le centre symbolique en quelque sorte du « monde
slave, » qui se déroulait tout autour. Près de la loge impériale, une
décoration représentait un bois de pins et de sapins avec un clocher
d'église de village, un moulin à vent, plusieurs *izbas* (maisons
villageoises) et une foire ; c'était le groupe *grand-russien* aux
« types » très nombreux et divers, aux mannequins figurant
une famille de paysans, un forgeron « aux bras athlétiques, »
un montreur d'ours « avec son formidable quadrupède, »
une *tsigane* (bohémienne) « tellement vivante et typique que
l'on avait envie de lui faire l'aumône. » N'oublions pas non plus
« une petite boutique dans laquelle on a réuni tout ce que produit
l'industrie du paysan grand-russien et tout ce qui fait l'objet de son
commerce : du goudron de bouleau, des cordes, des chandelles, des
pains d'épice, des chaussures de tille, des bas de laine et d'énormes
souliers. » Plus loin, le groupe *petit-russien* sollicitait les regards du
curieux : « une *mazanka* (chaumière) avec une cigogne sur le toit
et un buisson d'osier en fleur près du perron. » A l'entrée se tenait
un vieillard « avec sa chemise passée par-dessus son pantalon ; »
près du perron était assise une grand'mère avec ses deux petits-
enfants, « dont l'un portait un melon qui l'obligeait à se courber du
côté de son fardeau. » Au fond passait un charretier qui était tout
simplement a un idéal de vérité. » — « La *téléga* (petite voiture à
quatre roues), le chien qui se tenait sous la caisse pour être à l'ombre,
la marmite de route, les bœufs fatigués, enfin le charretier, tout cela
était pris sur le vif, à l'exception pourtant de la chemise tachée de
goudron, qui semblait tout bonnement sale. » A la suite des Petits-
Russiens venaient les Polonais, ou plutôt (car la sainte Russie ne
reconnaît plus ce nom « prétentieux ») les Mazoviens, Cracoviens,
Podlasiens, Lithuaniens, Samogitiens, etc., et l'on a soin de nous
informer que, pour les « habitants indigènes de ces provinces de
l'ouest, » ce sont « les fonctionnaires employés dans ces pays » qui
s'étaient chargés de fournir les costumes et les « types ; » le prince
Tcherkaskoï notamment, le grand exécuteur des lois agraires dans

la malheureuse Pologne, a tenu à honneur de combler sous ce rapport une lacune qui aurait pu devenir fâcheuse. Des Polonais, la transition était naturelle aux « Slaves étrangers, » à ces *frères* de l'Autriche et de la Turquie qu'un sort inhumain retient encore séparés de la grande patrie commune et qui à l'exposition défilaient tout au long en mannequins ruthènes, slovaques, tchèques, moraves, croates, dalmates, serbes, monténégrins et bulgares, tous étincelants de beauté et de force dans leurs costumes splendides et pittoresques. Dans le groupe serbe, un vieillard surtout attirait l'attention, c'était le portrait frappant de Vouk Stefanovits, le célèbre collecteur des chants épiques de ce pays. — Au sortir de la section des « Slaves étrangers, » on rentrait de nouveau en Russie, mais dans une Russie différente, tout autrement originale et *slave*, qui sait ? peut-être bien la Russie même de l'avenir !… Des Tatares, des Morduans, des Tcheremisses, des Turkomènes, des Kirghiz, des Bachkirs, des Ostiaks, des Yakoutes, des Samoyèdes, ouvraient ici des perspectives toutes nouvelles et grandioses. « Le groupe des Yakoutes représente une assemblée au moment de la célébration du culte chamanique ; le chamane, d'un aspect terrible, entouré des emblèmes de son rôle, en costume fantastique, prononce ses incantations lugubres… » — « Les Samoyèdes assistent à un sacrifice ; le prêtre proclame ses oracles au moyen d'un tambour, pendant qu'un de ses aides jette une corde sur le cou de la victime, et que l'autre, son couteau à la main, s'apprête à l'égorger… » — « Plus loin, dans une encoignure et dans une demi-obscurité, un groupe des guèbres ; la décoration représente une vue de nuit du monastère des adorateurs du feu à Bakou ; quelques squelettes vivants et presque nus sont assis devant un feu de naphte, etc.. » — « C'est par les guèbres que s'ouvre la section du Caucase. Au pied d'un *Caucase artificiel*, nous voyons un couple de Kourtines, peuple sauvage, belliqueux et en partie nomade, qui habite sur les bords de l'Aros et de l'Arpatchaï. Sur un rocher, un Khevrouss en cotte de mailles et une femme khevrouss, habitants des défilés de montagnes qui touchent à la Kakhétie ; au-dessus d'eux, un grand aigle du Caucase semble *prêt à prendre son vol…* » Sur quel point du monde « gréco-slave » va-t-il d'abord fondre, ce grand aigle du Caucase ? Sur les plaines de la Galicie ou bien sur les rives du Danube ?…

En rendant compte d'une exposition aussi étrange, les écrivains, russes n'ont jamais négligé de se prémunir par un *odi profanum vulgus*, de déclarer au préalable que ce magnifique spectacle serait tout à fait incompréhensible, demeurerait lettre close pour l'homme occidental, le nourrisson rachitique de la civilisation latino-germaine ; seul le cœur slave, cœur grand et vierge, était capable d'en ressentir la beauté, d'en admirer les merveilles, d'apprécier aussi tout ce que le *manège* de Moscou recelait de trésors « pour l'histoire, la géographie, la géologie, l'ethnologie, l'archéologie, et en général pour les sciences et les arts, » — pour les arts surtout ! L'art, paraît-il, le grand art, l'art slave est dans le marasme, — ainsi l'affirmait du moins « l'éminent » professeur Ramazanov dans un travail tout spécial qui étudiait l'exposition au point de vue de l'esthétique. Il développait cette idée, « qu'en copiant servilement les produits de l'art occidental, qui n'est à son tour qu'une imitation, des anciens Romains et Grecs, les Slaves s'éloignaient de plus en plus du véritable but que doivent chercher ces produits en perpétuant la mémoire des grands hommes et des grands événements. » Une muse debout sur un piédestal, est-ce bien là le monument qu'on aurait dû élever au plus grand historien de la Russie, et le peuple de Simbirsk, « en contemplant cette grande femme avec sa trompette et son livre, » n'a-t-il pas quelque raison d'y voir plutôt une veuve Karamzine ? Et la statue de Derjavine à Kazan ? Cette figure immense à moitié nue, tenant une lyre d'une main et un *plectrum* de l'autre, et que les habitans prennent pour un ancien khan tartare, elle ne ressemble aucunement au Derjavine qui est dans la mémoire de tous « avec son bonnet sur la tête et sa pelisse de boyard. » Qui donc reconnaîtrait Lomonossov dans le groupe qui lui a été consacré à Arkhangel ? « Qu'on mette à ce Lomonossov la chemise et le large pantalon du paysan russe, qu'on jette à ses pieds un baril et un filet de pêcheur, et *le dernier gamin d'Arkhangel* ou des villages d'alentour saluera tout de suite son célèbre compatriote ! » Et ce Souvorov devant le pont Troïtzkoï à Saint-Pétersbourg en armure de chevalier allemand ! « je m'étonne que ce célèbre héros, *qui exécrait l'Autriche*, ne sorte pas de sa tombe pour arracher de sa statue cette armure détestée et la jeter dans la Néva ! » Ainsi, poursuivait encore longtemps le Winckelmann boréal pour conclure à la fin par cette radieuse espérance, que l'exposition ethnologique, en mettant devant les yeux des artistes tant de « types » slaves variés et saisissants (des types en carton et en cire !), les ramènerait à la nature, à la réalité, aux principes véritables de la statuaire et de la peinture nationales. « Ni le paysan marchand, s'écriait avec éloquence M. Ramazanov, ni le cocher, ni la marchande des quatre saisons, *ni moi, professeur de l'académie des arts*) nous ne reconnaissons nos grands patriotes et héros dans les figures qui ornent nos places publiques et nos édifices. Où est le kaftan, où est le bonnet, où est la ceinture de ce Minine dont la prétendue statue se dresse devant le Kremlin ? en bien ! sa ceinture, son bonnet, son kaftan, sont à l'exposition ethnographique !... »

Tandis que les « types » du *manège* de Moscou satisfaisaient ainsi pleinement le professeur Ramazanov et lui présageaient un art régénéré et mis à la portée des gamins d'Arkhangel et des marchandes de légumes de Moscou (l'art de l'avenir !), ils irritaient au contraire quelque peu M. Katkov par un excès de naturalisme qui, dans la section grand-russe surtout, blessait profondément ses patriotiques instincts. Le célèbre publiciste[4] voulait bien reconnaître « que dans une collection ayant un but *scientifique* il n'y avait pas de place pour des paysans d'opéra et des villageoises de ballet ; » était-ce cependant une raison de renoncer à tout sentiment d'idéal et de goût ? Les Bachkirs, eux, « se sont bien pourtant rappelé le proverbe français, » et, laissant leur linge sale pour le laver en famille, ils ont eu l'esprit de paraître à l'exposition dans des chemises propres et des costumes brillants. Ainsi ont pensé également les mannequins tchèques, croates, monténégrins. Pourquoi donc la Grande-Russie seule a-t-elle tenu à se montrer « en haillons et repoussante au possible ? » Pourquoi, « sous prétexte d'approcher le plus de la vérité, » a-t-on construit des *izbas* aussi laides et aussi difformes ? Était-ce là le spectacle qu'on devait offrir aux étrangers, et surtout à l'auguste tsarevna (la princesse Dagmar) ? « Son cœur, ce cœur dans lequel s'est enflammé déjà, nous en sommes sûrs, l'amour de sa nouvelle patrie, » a dû se serrer à la vue de cette habitation *moujike*, et quel malheureux argument fourni par-dessus le marché « aux touristes français, toujours prêts à décrire le paysan russe comme un troglodyte ! »..... « Dans ce groupe grand-russe, qui devrait représenter toute la sève de l'empire, nous chercherions en vain les signes de cette force mystérieuse et morale qui attire et assimile les races environnantes : nous restons ébahis devant cette masse sans physionomie, sans expression, ni sens. Comment, pas une non, pas une figure gentille et accorte parmi les trente exemplaires féminins réunis dans ce groupe ! Rien que de gros et stupides yeux à fleur de tête, rien que des nez en pommes de terre, rien que le grossier et le grotesque !... » Et, s'élevant à des considérations plus générales, M. Katkov déplorait chez ses compatriotes l'excès de contentement qui a succédé à l'ancienne passion de dénigrement mutuel, et traitait durement ce *réalisme patriotique*, aux yeux duquel « un moujik portant des bottes perd une partie de sa nationalité et de la sympathie méritée, » et qui devant ces *izbas* de l'exposition est capable de s'écrier : « Voilà bien notre Russie, la Russie sainte et vraie ; voilà ces haillons, ces huttes sales où les hommes vivent ensemble avec les veaux et les cochons et dorment pêle-mêle. Tout cela est nôtre, bien nôtre, os de nos os et chair de notre chair... »

Le *versus ludicrus* du légionnaire romain, le couplet légèrement persifleur ne manquait donc pas, on le voit, dans le cortège du triomphateur, — et c'est un officier supérieur, le *tribunus militum* lui-même qui en donnait étourdiment le signal ! Nous pourrions ainsi relever dans les diverses publications russes encore tel autre accent de réticence, telle critique timide à l'adresse du *manège* de Moscou... Cela est-il bien nécessaire cependant ? Une méchante galerie de mannequins, un *cabinet Curtius* élevé au rang d'une institution nationale, — cela mérite-t-il les honneurs de développements plus grands, et le lecteur européen ne trouve-t-il même pas qu'on l'a déjà beaucoup trop entretenu de puérilités aussi mesquines ?... Qu'on veuille bien considérer toutefois que ces puérilités ont préoccupé les « corps savants et administratifs » d'un vaste empire, ont recueilli les suffrages d'une famille auguste et autocrate, tenu en éveil toute une grande race ! Qu'on veuille bien se rappeler le mot de l'humoriste qu'à côté de l'Aphrodite de Paphos il y a une Vénus *holtentote* ; qu'on n'oublie point surtout que la chose la plus curieuse dans le spectacle, c'étaient les spectateurs. Tournons-nous donc du côté des spectateurs, des « hôtes slaves » si impatiemment attendus, qui commençaient enfin à se mettre en route, et dont nous allons suivre l'édifiante odyssée à travers la sainte Russie.

Section II

Dans les pieuses caravanes qui sillonnent l'Arabie en se dirigeant vers la Mecque et en transportant le choléra, le touriste européen a presque toujours l'occasion de distinguer entre les fidèles simples et naïfs en quête de leur salut et les conducteurs de troupes, rusés compères le plus souvent, sachant très bien exploiter les *kadjis* et faire leur trafic avec les cheiks des contrées qu'ils traversent. Les pèlerins dévots qui, d'au-delà des Carpathes et du Balkan, allaient saluer vers le milieu de mai « la sainte Mecque des Slaves, » — comme on devait bientôt appeler Moscou dans des discours solennels, — avaient, eux aussi, leurs conducteurs avisés, gens rompus au négoce, très au fait de la route à parcourir et en relations suivies avec les autorités de l'endroit. Plus cultivés que leurs « frères » de la Croatie, de la Dalmatie, du Banat, mieux initiés à la vie politique et en contact direct avec les meneurs russes, les Tchèques de la Bohême ont depuis longtemps la haute gérance du mouvement slave en Autriche. La manifestation d'à présent était presque exclusivement leur œuvre, et ils devaient jouer le rôle principal dans les fêtes de Moscou et de Saint-Pétersbourg. Avant de se mettre à la tête de la caravane, les chefs du parti tchèque, MM. Palaçky et Rieger, avaient même poussé une pointe à Paris. Ils rêvaient à leur tour quelque Plombières ou quelque Biarritz, ils ne désespéraient pas d'intéresser un souverain à toute une douzaine de nationalités « méconnues, » à une combinaison « grandiose » qui aurait changé la face du monde ! Ils firent aussi une tentative auprès des Polonais, et se montrèrent débordants de sympathie, prodigues de promesses… Ils ne tardèrent pas cependant à se convaincre de l'inanité de leurs efforts, et rejoignirent en toute hâte leurs compagnons, qui les avaient déjà devancés jusqu'à Varsovie.

A part ces quelques chefs tchèques d'une notoriété véritable, — M. Palaçky, élevé en 1861 à la dignité de pair par l'empereur François-Joseph, est un savant de mérite [5], MM. Rieger et Brauner ont marqué dans les divers parlements de l'Autriche, — le reste de la « députation slave » (une centaine de personnes à peu près) se composait d'hommes parfaitement obscurs ou dont la célébrité ne dépassait guère le petit clocher natal. C'étaient pour la plupart des avocats, des médecins, des *pédagogues* et des journalistes ; il y avait aussi une quantité de popes et d'archimandrites et, probablement comme hommage aux tendances démocratiques du siècle, quelques rudes paysans. Certes ces « notables » de la Croatie, de la Serbie, de la Bulgarie et de la Tchernogora n'auraient point fait grande figure dans telle réunion politique ou littéraire de l'Occident ; on ne saurait le nier cependant, dans le monde qui leur était propre, ils ne laissaient pas d'avoir un véritable poids ; ils représentaient à certains égards et jusqu'à un certain point l'intelligence et l'activité morale de peuplades naïves et fort peu avancées dans la civilisation. Du reste, et pour bien les connaître, il faut étudier les lettres qu'ils envoyaient aux petits journaux de leurs pays pendant leur séjour en Russie [6] ; tout en y voulant donner leurs impressions de voyage, ils ont surtout réussi à se peindre eux-mêmes, involontairement, ingénument et avec une vérité saisissante, La lecture est au plus haut degré instructive, et ne manque pas même d'enjouement à l'occasion. Décidément, cette pauvre *Slava*, malgré les airs grands et provoquants qu'elle se donne parfois, est encore à la recherche de ses titres et de son état civil ; elle ne sort pas de l'archéologie et de la philologie comparée et a toujours le lexique et la grammaire sous les bras. Avec quelle avidité, avec quelle ardeur ces « hôtes slaves » ne se jettent-ils pas sur tel casque ébréché, tel manuscrit poudreux que les Russes savent étaler sous leurs yeux dans les diverses villes de l'empire ! Un parchemin du XIVe, voire du XIIIe siècle, avec des caractères glagolites ou cyrilliques, n'est-ce pas là la preuve d'un passé glorieux, le gage d'un avenir plus glorieux encore ? Ah ! si les caractères étaient *runiques*, suprême alors serait la félicité !… L'antiquaire, le pédagogue apparaît de la sorte à chaque instant sous la majestueuse draperie du « député » ou du tribun : ce sont partout les instincts et, hélas ! aussi les ravissements, les *dépaysements*, les gaucheries et les humilités du savant de province fourvoyé dans le monde. Ces messieurs sont si étonnés de l'honneur grand qu'on veut bien leur faire, de la gracieuse condescendance qu'on a pour eux ! Ils énumèrent tout au long les titres de telle excellence, de tel général « en grand uniforme » qui a daigné se laisser approcher, et au sortir d'une audience de ministre ils sont littéralement ahuris ; tant de bontés les accablent, ils diraient volontiers comme le Méphistophélès de Goethe après l'entretien avec Dieu le père : « c'est cependant beau de la part d'un aussi grand seigneur, de parler si humainement avec de pauvres diables !... » Ainsi, peu accessibles aux fiertés légitimes des âmes bien nées, les « hôtes slaves » sont d'autant plus touchés des jouissances moins morales, de l'aisance et du comfort inconnu dans leurs pays, Ils ne se lassent pas de rappeler que pendant tout le voyage ils n'ont eu rien à débourser, que la générosité russe en a fait tous les frais. Ils ont été logés dans des hôtels magnifiques ; ils avaient du vin de Champagne, du *vrai* vin de Champagne à discrétion, et en montant dans un train spécial qu'on avait mis à leur disposition ils ne manquent pas d'insister sur ce que les wagons étaient « tous de première classe... [7] » Les Russes, on le sait, sont passés maîtres dans l'art « d'enguirlander » leur monde ; mais ici, il faut l'avouer, le monde, Le « grand monde slave » était peu exigeant et facile à contenter en fait de festons et d'astragales.

Le croirait-on ? certains esprits naïfs ou chagrins n'avaient cependant pas été un moment sans quelque inquiétude au sujet de ces « hôtes, » des impression surtout qu'ils pourraient recueillir lors de leurs premières étapes dans les « provinces occidentales » de l'empire ! Les diverses littératures slaves connaissent toutes la même et charmante fable des *Animaux invités par le lion.* Les animaux s'étaient mis joyeusement en route, mais, arrivés aux frontières de sa majesté léonine, ils virent des monceaux d'ossements qui grossissaient à mesure qu'ils avançaient ; ils devinrent pensifs, et les plus sages rebroussèrent chemin... « Vous voulez aller à Moscou, — n'avaient cessé de crier aux Tchèques, aux Croates, aux Serbes, les feuilles polonaises de Gallicie et de Posen, — vous prétendez y saluer la seule puissance slave indépendance et capable de vous réunir, d'assurer votre développement national ? Voyez alors le développement nationale que cette puissance a assuré à un peuple antique et glorieux, depuis bientôt un siècle réuni au sceptre du tsar ! Vous tenez à votre langue, à vos traditions et coutumes ? Demandez donc ce que la Russie a fait de la langue, des traditions et des coutumes de la Pologne ! Vous recueillez avec une piété touchante les monuments de votre littérature et les débris de votre antiquité ? Demandez donc ce que sont devenues les bibliothèques de Zaluski

24

et de Czaçki, nos collections d'art et les joyaux de nos Jagellons !
Vous êtes attachés à votre clergé, vous chérissez vos femmes
et vos enfants, vous aimez vos biens ? Voyez alors nos évêques
déportés, nos prêtres attachés à d'infâmes gibets, nos femmes et
nos enfants chassés par milliers et comme un vil troupeau vers les
régions polaires, et nos fortunes livrées à la plus effroyable et la
plus systématique des spoliations ! Comptez le long de votre route
les cinq cents potences dressées par les *archanges* Mouraviev, Berg,
Manioukine, et les villages rasés ; visitez la citadelle de Varsovie, où
l'on torture nos prisonniers politiques, et faites-vous bien montrer
la cellule où notre Levitou s'est brûlé tout vif afin d'échapper à des
tourments indicibles ! Traversez à la lueur de la colonne céleste,
— à la lueur de la conscience et de la raison humaines, — cette
mer rouge, cette mer du sang polonais, au-delà de laquelle on vous
montre la terre promise ; étudiez bien notre enfer, il conduit à
votre paradis... [8] » Vaines furent les admonitions des feuilles de
Galicie et de Posen, — et tout aussi gratuites se trouvèrent être
bientôt les appréhensions conçues un moment à Moscou dans les
premiers jours de l'exposition à la suite d'un léger retard que les
hôtes avaient mis dans leur départ de Vienne. Les autorités russes
avaient si diligemment pris leurs mesures, les « hôtes » de leur côté
apportaient une bonne volonté si exemplaire de ne voir partout que
des feux de joie et des sujets d'allégresse, que rien ne put troubler
la sérénité des « enfants de la Slava » dans leur réunion fraternelle.

La première rencontre eut lieu le 16 mai, en-deçà de la frontière
autrichienne, près de Czentochowa. La grande députation slave
y fut reçue par le général Kokhanov, gouverneur de la province
de Piotrkow, le général de division Glébov, le colonel d'état-major
Sokovitch et un régiment d'infanterie de Kolivan. Les tambours
battaient aux champs, la musique militaire exécutait des marches ;
des discours furent échangés et des santés portées au tsar, à la
nation russe et aux Slaves. Czenstochowa, avec son célèbre couvent
de pauliniens et l'image miraculeuse de Notre-Dame de la Claire-
Montagne (*Jasna-Gora*) est en Pologne la place saine et historique
entre toutes. Dans cette ville, bâtie sur un rocher, l'ancienne
chevalerie sarmate a plus d'une fois résisté victorieusement aux
invasions ennemies ; c'est de là qu'elle repoussa Carl-Gustave au
XVIIe siècle ; au XVIIIe, Pulaski y livra ses derniers combats au

moment du partage. Devant l'image de Notre-Dame de la Claire-Montagne, tous les rois et hetmans de la Pologne venaient se prosterner et demander la bénédiction pour leurs armes avant d'entrer en campagne, — Sobieski entre autres, avant qu'il ne courût à la délivrance de Vienne, — et ce lieu attire encore à l'heure qu'il est des milliers innombrables de pèlerins venant de tous les pays catholiques d'alentour, de la Silésie, de la Moravie, de la Bohême. Les hôtes slaves ne négligèrent pas de visiter un endroit aussi célèbre ; mais ils furent péniblement affectés lorsqu'au couvent les pauliniens leur adressèrent la parole en latin. « Pourquoi ne pas choisir plutôt tel des idiomes slaves ? » Un des moines s'approcha même d'une notabilité tchèque et murmura tout bas : « Comment, vous aussi (vous, catholiques, voulait-il dire), vous allez chez les Moscovites ? Nous ne nous attendions pas à cela... » — « Conçoit-on pareille inconvenance ! *Les officiers durent intervenir...* » s'écrie ici le député slave auquel nous devons le récit de cette scène curieuse. Deux autres de ses collègues (MM. Chaffarik et Hammernik) firent part aux officiers de l'impression que leur avait laissée cette visite de Czenstochowa : les Polonais, pensèrent-ils, ne sont pas aussi dépouillés qu'on le dit, puisque le couvent de la Claire-Montagne conserve encore tant de richesses en fait d'ornements d'église et d'*ex-voto...* [9]. Il était assurément juste, digne et charitable de signaler à l'administration moscovite cette irrégularité de service : *les officiers interviendront...*

Le même jour, bien tard dans la nuit, les « hôtes » arrivèrent à Varsovie, et ce n'est que le lendemain, le 17, qu'ils purent visiter les églises, les écoles et les monuments de cette cité de douleur, « de cette ville qui *pourrit* dans son polonisme stagnant, » ainsi que s'exprime élégamment le député-écrivain mentionné plus haut. La journée fut riche en traits tragi-comiques, bornons-nous à en citer un seul. La plupart des « hôtes » portaient la *czamarka* (redingote à brandebourgs) ; or, comme c'est là un costume national polonais et en cette qualité rigoureusement prohibé, l'administration russe dut organiser à la hâte et pour ce seul jour une contre-police ayant mission de protéger la *czamarka* slave contre la police ordinaire, vouée à la persécution de la *czamarka* polonaise. Le soir eut lieu dans le *club russe* un dîner en l'honneur des « frères » auquel assistèrent toutes les illustrations de la capitale, les généraux, les sénateurs, les hauts *tchinovniks*) les popes et les archipopes, plus de trois cents personnes. Ce banquet éminemment slave fut présidé par un Allemand pur sang, — le général Von Minkwitz, chef d'état-major de l'armée russe en Pologne, — et quoi d'étonnant du reste, puisque tous les épanchements intimes des « hôtes » entre eux et avec les Russes se faisaient en allemand ? On a pu le constater ici comme ailleurs, à Varsovie comme à Saint-Pétersbourg et à Moscou [10], car c'est là la fatalité de ces Slaves unis dans le même sentiment de haine contre le germanisme, que dans leurs réunions et pour seulement se pouvoir comprendre ils sont forcés de recourir à la langue germanique ! C'est de même en langue tudesque que se publie leur organe *central* [11] ; il est rédigé par un M. Schmaler, qui, en slave et entre parenthèses, s'appelle *Smoliar*… Les toasts toutefois et les discours solennels furent, ici comme ailleurs, prononcés dans les « divers idiomes de la grande patrie commune. » M. Chaffarik (le neveu du célèbre archéologue) proposa en langue serbe un toast « à la gloire et à la grandeur du peuple russe, créé par Dieu lui-même défenseur et gardien de la nationalité slave ! » — « Le grand peuple russe, poursuivit-il, a aussi des idées grandes, et ses moyens sont colossaux. Tout ce qu'il reconnaît comme vrai et nécessaire, tout ce qu'il veut atteindre, tout cela se réalise et devient un fait immédiat. Au retour de cette exposition ethnographique de Moscou où se réuniront pour la première fois toutes les branches de l'arbre slave, nous rentrerons dans nos foyers avec la pleine confiance que l'unité slave est devenue un fait du moment que le grand et colossal peuple russe nous a reconnus pour frères… » Un poète se leva ensuite, un poète-soldat, — et cette figure mérite d'être esquissée, car c'est là un « type » bien autrement réel et vivant que les mannequins exposés au *manège* de Moscou. M. Berg avait fait la campagne de Crimée et publié sur le siège de Sébastopol un livre qui eut un certain succès. Il quitta les rangs de l'armée et s'enrôla dans la littérature, il fit de la prose et des vers. C'était alors en Russie la mode au libéralisme, à l'italianisme, voire au polonisme, et M. Berg donna des traductions russes des poésies de Miçkiewicz. Envoyé comme correspondant du journal de M. Katkov auprès du quartier-général de Garibaldi, l'ancien officier de Nicolas eut des enthousiasmes ineffables, des épîtres et des odes pour les chemises rouges, pour la cause des nationalités, pour toutes les causes nouvelles, et l'insurrection polonaise elle-même ne put lui arracher tout d'abord un verdict de condamnation absolue. Il ne tarda pas cependant à se raviser ; il se ravisa même si vite et si bien que dès 1864 il fut nommé « historiographe officiel de la révolte polonaise » avec 5,000 roubles de pension par an, un appartement et la singulière mission d'assister aux enquêtes politiques dans la citadelle de Varsovie, afin de mieux préparer les matériaux pour son ouvrage, qui n'a pas encore paru…

Au banquet, M. Berg lut une poésie russe de sa facture, dix strophes médiocrement rimées, mais évidemment bien senties, puisqu'elles provoquèrent de la part de M. Militchévits une déclaration des plus touchantes. Élevé en Serbie, disait ce généreux compatriote de Kara-Georges, n'ayant jamais quitté le pays natal, il avait eu d'abord dans sa jeunesse des idées tout à fait faussées sur le compte de la Russie, grâce aux pernicieux livres élémentaires conçus dans un esprit hostile, dans un esprit occidental. Ce n'est que plus tard, à l'*âge viril*, qu'il est arrivé seul, par son propre travail et *par un procès intérieur*, à des appréciations plus justes et tout à fait opposées. Toutefois si grande est l'influence de cette presse occidentale toujours acharnée contre la Russie, qu'il avait encore, et jusque dans les derniers temps, certaines perplexités, certains scrupules ; mais ce *qu'il a vu à Varsovie* a fini de lui enlever tous ses doutes, de détruire tout reste de préjugés, et c'est d'un cœur radieux et tranquille qu'il boit maintenant à la santé de l'armée russe… Ce petit *speech* l'emporta sur tous les autres, bien qu'un certain aphorisme du docteur Polith (du Banat) ne manquât pas non plus d'une saveur originale. Ce fut précisément le spectacle de Varsovie qui avait délivré M. Militchévits de toutes ses préventions contre les Russes, et c'est de même à Varsovie que M. Polith découvrit aux Moscovites une vocation toute spéciale pour la fraternité ! « La devise de *fraternité*, dit-il, si prônée en Occident, n'a été jusqu'à présent qu'un vain mot ; ce mot, la Russie est appelée à en faire une vérité… » La musique russe entonna l'hymne « Dieu protège le tsar, » les Serbes répliquèrent par le chant *Mnogaia lieta* (longues années au tsar), l'enthousiasme fut à son comble ; les *hourrah*, les *slava*, les *jiviô*, se succédèrent sans relâche. M. Brauner, le député tchèque, trouva cependant le moyen de toucher encore quelques mots de la grave question du *manuscrit de Kralodvor* et du *fragment de Libussa*, ce sempiternel sujet de discorde entre les archéologues et les paléographes de l'Allemagne et de la Bohême. Telle fut la grande journée slave de Varsovie ; celle de Wilna lui ressembla en tous points. Arrivés le 19 dans la capitale de la Lithuanie, les « hôtes » y eurent leur dîner dans le *club russe* avec les toasts et les discours obligés, leurs parades militaires et les visites dans les établissements publics. Ils ne rendirent du reste que pleine justice à la situation pittoresque de la ville, à la beauté de ses églises, de ses palais, des édifices élevés jadis par les Jagellons à la science, à l'étude, à la vie contemplative, et maintenant déserts, vestiges vénérables d'une civilisation antique et glorieuse, — « monuments du joug latino-polonais [12], » dit le journal officiel russe. Le député slave qui transmet ses impressions au Politik de Prague est plus diplomate ; il parle du « couvent des bernardins, immortalisé par Miçkiewicz. » Ce singulier euphémisme veut dire que le couvent des bernardins, converti en prison d'état par les Russes, avait gardé dans ses cachots avec tant d'autres amis le plus grand poète de la race slave, mort depuis dans l'exil.

Il faut bien le reconnaître cependant, malgré toutes les mesures intelligentes de l'administration, les parades militaires, les dîners dans les *clubs russes*, et les colonels qui accompagnaient partout les « hôtes » comme *convoi d'étiquette*, le voyage à travers le royaume et la Lithuanie ne laissait pas d'avoir un aspect froid et, compassé. On était « en famille, » au milieu des tchinovniks et des officiers épanouis ; mais l'atmosphère ambiante n'avait rien de sympathique, et les députés-écrivains avouent avec franchise que les habitants du pays ne se montraient pas précisément bienveillants. Ce n'est qu'au sortir de Wilna et du grand-duché, de Lithuanie que les réceptions et les ovations commencèrent à prendre un caractère spontané et général, que les foules affluaient aux stations et saluaient les touristes par des *hourrah* frénétiques. La Lithuanie constitue dans le style officiel une partie intégrante de l'héritage des Rouriks. Elle n'est point polonaise, ne l'a jamais été, et à part quelques « monuments du joug latino-polonais » tout y est russe, éminemment et exclusivement russe : ainsi l'affirment l'administration, la science et la diplomatie moscovites ; mais Dieu, dit l'Écriture, proclame ses vérités par la bouche des enfants et des simples. Le simple fut cette fois le marchand Bykov, qui recevait les « frères » slaves à Ostrov, la première station au-delà de la frontière lithuanienne. « Nous vous saluons, frères, nous citoyens de la ville d'Ostrov, *la première ville russe qui se trouve sur votre chemin* [13], » dit le bonhomme sans se douter de l'éclatant démenti qu'il donnait par de telles paroles à l'histoire et à la géographie orthodoxes. La station d'Ostrov fut encore marquée par un autre incident qui mérite d'être noté. On attendait les « hôtes, » leur arrivée était imminente, lorsque quelqu'un proposa de les recevoir selon la coutume slave avec du pain et du sel, et recueillit des suffrages unanimes. L'embarras fut seulement de trouver du pain : on en chercha à la gare, on fouilla les alentours, malheureusement sans succès ; mais on trouva du vin de Champagne, et on l'offrit aux arrivants !... Quel petit tableau de couleur locale ! et n'est-ce point la image symbolique de la « civilisation » fondée par les Pierre, les Catherine et les Nicolas ?... A la station de Louga, l'éternel vin de Champagne alterna avec de l'hydromel, ce qui offrit à M. Rieger l'occasion de revendiquer pour les Tchèques l'origine de cette boisson nationale. « Le vieux Priscus en parle déjà dans le récit de sa députation auprès d'Attila... « Nous n'oserions pas affirmer que cette érudition fut appréciée selon tout son mérite par des marchands et des moujiks qui n'avaient probablement jamais entendu parler du vieux Priscus, qui même, selon certains indices, n'avaient pas peut-être une notion, bien exacte de tout ce *congrès* auquel ils applaudissaient avec tant d'ensemble. A cet égard, il arrive parfois, aux feuilles russes de faire des confidences amusantes, et voici par exemple le dialogue populaire surpris par le *Viést* au milieu d'une foule assemblée et proclamant les députés slaves : « Eh bien ! est-ce qu'ils vont danser ? . — Quelle folie ! *ce sont des musiciens*[14] ! » C'est cependant le même peuple qui criait partout *slava et jiviô*, qui embrassait les « frères » avec des larmes de joie, et inventait les procédés les plus ingénieux, les plus raffinés, pour témoigner de son enthousiasme et de son dévouement à « l'idée ! .. » A leur arrivée à Saint-Pétersboug, MM. Palaçky et Rieger trouvèrent, un télégramme daté des bords de la mer d'Azov : le peuple de Marioupol leur souhaitait la bienvenue dans la capitale de l'empire !...

Le séjour de Saint-Pétersbourg (du 21 au 28 mai) fut, on s'en doute bien, une suite non interrompue d'ovations, de spectacles et d'enchantements, à faire croire, à M. Militchévits, l'intéressant et « viril » Serbe du banquet de Varsovie, « que c'était un rêve. » Les « Slaves » étaient décidément les lions de la capitale, les dames de la cour en raffolaient, les marchands quittaient leurs boutiques pour les saluer à chaque passage, la foule assiégeait leur résidence, l'*Hôtel de Bellevue*, et rappelait sans cesse sur le balcon, « son Rieger et son Palaçky. » — « On montait l'escalier, on parcourait vite les cinq étages de l'hôtel, on entrait partout, on regardait un à un les Slaves, on redescendait dans la rue avec un air qui disait : j'ai vu ! et on s'éloignait ensuite après avoir accompli ce devoir d'adoration… » Ainsi s'exprime *l'Invalide russe* du 22 mai. Nous ne suivrons pas les députés dans leurs visites aux églises, aux monuments, « aux célèbres manuscrits d'Ostromir et de Zographos, » à l'Ermitage et au Palais d'Hiver (où ils restèrent quelques moments « recueillis et mélancoliques » dans la chambre mortuaire de l'empereur Nicolas), ni dans les innombrables concerts, soirées et festins donnés en leur honneur et accompagnés toujours de démonstrations bruyantes. Celle qui eut lieu au Grand-Théâtre dépassa, paraît-il, toutes les autres. On donnait la fameuse pièce *Mourir pour le tsar*, l'opéra favori de Nicolas, l'opéra officiel, et qui, depuis 1863, est devenu l'opéra populaire par excellence à cause des Polonais qui y sont massacrés dans un guet-apens. Les députés slaves assistaient dans les loges du premier rang, et les Tchèques surtout étalaient leurs décorations russes. A peine le rideau fut-il tombé sur le premier acte, écouté dans une attente fiévreuse, que le public se leva en masse, et, se tournant vers les loges, éclata dans un cri immense de *slava* ! Les « hôtes » répondirent par un salut, et les *hourrah* redoublèrent : *slava Palaçky ! slava Rieger* ! Le vétéran tchèque dut de nouveau s'avancer profondément ému et s'incliner. On entonna le « Dieu protège le tsar, » le rideau se leva, et acteurs et spectateurs ne formèrent plus qu'un seul immense chœur qui chantait l'hymne national. La pièce put enfin continuer, les diverses allusions « furent saisies par les hôtes avec un tact rare ; » mais lorsque le héros de l'opéra prononça les mots : « je mourrai pour le tsar, pour la Russie, » l'enthousiasme devint de nouveau frénétique. Il y eut des tonnerres d'applaudissements pour les différentes danses slaves exécutées par le corps de ballet ; mais on hua impitoyablement la *mazurka* polonaise, et on sortit heureux et fier d'avoir fait participer les « frères slaves » à cette manifestation contre le peuple rebelle.

Le gouvernement, on le conçoit, était tenu à beaucoup plus de réserve qu'un public d'opéra ou de raout, et la présentation des « Slaves étrangers » à la cour porta le caractère d'un acte diplomatique grave et sobre, où les mots étaient pesés avec soin et tous les mouvements convenus d'avance. L'empereur reçut la députation à Tsarkoê Sélo au milieu de sa famille. Il dit à MM. Palaçky et Rieger qu'il lui était particulièrement agréable (*osobénno priyatno*) de les voir parmi les autres hôtes ; il s'entretint avec chacun des notables en les engageant surtout à l'étude de la langue russe, (pour la plus grande part, la conversation à Tsarkoë Sélo se tenait en allemand et en français) ; il se fit lire une adresse par les Serbes et exprima l'espoir « que la Providence leur réservait dans un prochain avenir un meilleur sort ; » enfin, et s'adressant cette fois à l'ensemble de la députation, il prononça ces paroles au milieu des *slava* et des *jiviô* de l'auditoire : « Je vous souhaite la bienvenue, mes frères slaves (*rodnyé bratya*), sur cette terre slave ! J'espère que vous serez satisfaits de l'accueil que l'on vous fait ici et que l'on vous fera à Moscou. Au revoir !... » Les mots *rodnyé bratya* [15] produisirent sur les assistais un effet « électrique, » et le fil électrique les transmit immédiatement à Prague, à Agram et à Belgrade... Sa majesté présenta ensuite aux députés ses augustes enfants, et chacun des membres de la famille impériale eut pour eux quelque parole gracieuse. L'impératrice s'entretint longtemps avec M. Palaçky ; elle trouva que les écrivains tchèques étaient très puristes dans le styles « ce qui leur faisait honneur, » et regretta vivement que les peuples slaves n'aient pas tous le même alphabet et la même orthographe. La tsarine se tourna plus tard vers M. Schmaler et lui demanda des nouvelles de son journal, la fameuse feuille qui se publie en *allemand* et qui sert d'organe *central* à tous les *Slaves*... C'est dans de telles bornes que la cour avait jugé convenable de maintenir ses rapports avec les « Slaves étrangers, » et le ministre des relations extérieures, le prince Gortchakov, eut, lui aussi, soin de ne pas les transgresser ; mais l'on se souvint à point que les illustres touristes avaient entrepris un voyage *scientifique*, qu'ils allaient à l'exposition éminemment scientifique de Moscou, et c'est au ministre de l'instruction publique que se trouva dès lors tout naturellement dévolu le rôle le plus développé dans une circonstance aussi délicate pour des membres du gouvernement. Le comte Tolstoï présida en effet le banquet offert aux députés dans la salle de la noblesse, et donna ainsi une consécration officielle à la plus grande solennité de la « semaine slave » de Saint-Pétersbourg.

La fête eut lieu le 23 mai, après un service religieux célébré le matin dans la cathédrale de Saint-Isaac, où le prédicateur avait pris pour texte ces mots de l'Évangile : *un troupeau et un pasteur*. La salle du banquet était ornée d'un aigle russe à deux têtes qui abritait sous ses ailes les écussons des autres peuples slaves ; des dates significatives brillaient en lettres d'or parmi les inscriptions à l'entour : 1612, expulsion des Polonais et avènement des Romanov ; 1812, expulsion des Français ; 10 juillet 1774, traité de Koutchouk-Kaïnardji et premier ébranlement de la Turquie. La carte du menu, présentée en un exemplaire à chacun des convives et soigneusement épurée de tout terme culinaire étranger [16], portait en légende les vues des principales villes slaves, Moscou, Kiev, Prague, Léopol, Belgrade, *Constantinople*… Le nombre des invités approcha de mille ; le ministre de l'instruction publique, comte Tolstoï, avait à sa droite M, Palaçky (un pair de l'empire d'Autriche) et à sa gauche M. Rieger, et il inaugura le festin par un discours des plus curieux. « *Oui et non*, dit Yago dans l'*Othello*, ne font pas une bonne théologie ; » mais ils font souvent une bonne diplomatie, et M. le ministre en usa avec un art supérieur pour ôter à la réunion toute signification politique et lui en donner une immense en même temps, pour affirmer à la fois qu'elle était intime et publique, inoffensive et omineuse, pour lui trouver les ailes et les pattes de l'amphibie de la fable. Il parla de la sympathie que les hôtes ont rencontrée du moment qu'ils ont mis le pied sur la terre russe, « et par la *terre russe* j'entends, dit-il, le royaume de Pologne. Cette sympathie vous a accompagnés dans tout votre voyage, elle vous entoure ici avec sollicitude, elle vous attend avec impatience dans notre ancienne capitale. Si vous parcouriez toute la vaste étendue de la Russie d'une extrémité à l'autre, depuis l'extrémité où le soleil se lève dans les possessions du tsar de Russie jusqu'à celle où il se couche dans les possessions du même tsar de Russie, partout vous remarqueriez la même sympathie, ressentie par les 70 millions d'habitants du pays. Sympathie remarquable ! Comme vous vous en êtes assurés par vous-mêmes, elle part directement du cœur, il n'y a en elle rien d'artificiel, de calculé, rien, — comme on dit, — de politique… Je le répète, il n'y a dans notre réunion, dans l'expression de notre sympathie, rien de combiné, aucun calcul politique. La signification de notre sympathie en est-elle diminuée ? A mes yeux, elle en est au contraire augmentée : cela montre qu'elle est fondée non pas sur quelques circonstances extérieures, changeantes et amenées par hasard, mais sur le lien intérieur qui existe entre nous. Ce lien est en nous-mêmes, dans notre histoire de dix siècles, dans notre langue, dans la commune pensée slave ; il est dans notre cœur, dans notre sang, dans nos veines de Slaves. Vous entendez comme bat le cœur slave ! Dites, celui d'un étranger battrait-il ainsi ? Non, messieurs, personne ne peut se donner un frère, c'est la Providence qui le donne… Quel sceptique doutera désormais du grand avenir que la Providence réserve à la grande race slave ? »

A la parole si finement calculée du ministre succéda la parole fortement inspirée du poète, et l'assemblée entendit les strophes sonores de M. Tiouttchev. C'est là encore un type curieux de la société russe et qui mérite une esquisse ; elle trouvera naturellement sa place, à côté de M. Berg, le soldat-poète du banquet de Varsovie. M. Tiouttchev fut dans sa jeunesse passablement « occidental, » vulgairement libéral même, et nous pourrions encore citer tels de ses vers où il pleurait clandestinement sur le martyre de la Pologne. Entré plus tard dans la carrière diplomatique, il séjourna plusieurs années à Munich, ville tout imprégnée alors de la philosophie religieuse de Schelling, et donna quelque peu dans le mysticisme, mais dans un mysticisme élégant, sagement tempéré par les considérations et les plaisirs du monde. C'est dans ces dispositions qu'il composa un mémoire intime pour le tsar Nicolas sur l'avenir du monde religieux, mémoire que la *Revue* put saisir au passage et faire connaître au public [17] : l'auteur y prédisait à l'église orthodoxe le prochain et universel empire des âmes sur les ruines du catholicisme romain. Assez vite dégoûté cependant de la diplomatie aussi bien que de la théologie, M. Tiouttchev rentra dans Saint-Pétersbourg pour ne plus être que l'homme d'esprit au service de la cour, l'homme du monde, l'homme des parties fines et des reparties plus fines encore ; car ce lion des salons, à la chevelure abondante et grisonnante, aime à jouer de la griffe, et plus d'un grand personnage à la cour en porte l'empreinte ineffaçable, le prince Gortchakov entre autres, le ministre qui écrit volontiers des dépêches et en parle non moins volontiers. M. Tiouttchev l'appela un jour « le Narcisse de l'écritoire… » On se doute bien que l'ancien attaché d'ambassade ne traitait guère la poésie qu'en grand seigneur ; ce n'est qu'à ses moments perdus qu'il laissait tomber quelques strophes qui faisaient les délices des délicats de Saint-Pétersbourg, quand l'année 1863 vint à la fin lui apporter des inspirations grandes et fortes. Le versificateur charmant qui jusque-là n'avait chanté que les beautés de la nature sur le rythme alangui des *lakistes* trouva en lui subitement les accents de la colère et de l'imprécation, et dans des couplets demeurés célèbres il reprocha amèrement au prince Souvorov d'avoir, « le seul parmi les grands, » refusé son hommage au sauveur de la patrie, à l'*archange* Mouraviev. Depuis lors, M. Tiouttchev n'a cessé de prêter sa voix aux passions les plus violentes de la sainte Russie, et ce sont aussi ces cordes d'airain d'une lyre autrefois argentine qui résonnèrent maintenant dans la salle du banquet. « L'Occident est troublé, il est saisi de peur en voyant que toute la famille slave, en face des amis et des ennemis, dit pour la première fois : *Me voilà* !… Notre seigneur est vivant, forte est sa justice, juste sa puissance ; le nom du *tsar libérateur* dépassera bientôt la frontière russe… » Toutefois l'Isaïe moscovite exhorte les « frères » à veiller constamment, à ne pas s'abandonner à une sécurité trompeuse. Les injures du passé sont loin d'être toutes vengées, et plus d'un danger menace la grande famille réunie ; « le champ de Kossovo existe toujours, la Montagne-Blanche n'est point rasée [18]. Et parmi nous, ô frères, quelle honte ! Au milieu de notre famille slave, celui-là seul a évité les haines de tant d'ennemis conjurés contre nous, qui pour les siens, toujours et partout, à été traître et scélérat infâme. Il n'y a que lui, *notre Judas*, qu'ils honorent de leurs baisers !… » Cette évocation de la Pologne sous la figure du Judas au milieu de la cène slave produisit un effet indescriptible, « Les assistants ne purent retenir leurs larmes, » dit la *Gazette de Moscou*, de sourds grondements se mêlèrent aux sanglots étouffés, et, pour lutter avantageusement contre la profonde impression laissée par les vers de M. Tiouttchev, il ne fallut rien moins que le nom magique de

Constantinople, qui retentit bientôt dans les strophes des autres poètes, — car il est remarquable que dans toute cette agape de Saint-Pétersbourg la Russie, à l'exception de son représentant officiel, le ministre, ne parla que dans le langage des dieux et en phrases rythmées. Le poète Maïkov célébra « l'esprit nouveau qui, venant de la Russie, a soufflé sur la face de l'Europe *féodale*,... et ouvrira les cieux aux générations qui suivent, en dépit du Vatican, de ses bulles et de ses foudres. » — « La tâche des siècles est maintenant accomplie ; une ère nouvelle se lève pour nous : les anges du Seigneur forgent déjà la croix de la basilique de Sainte-Sophie. » Et de son côté le poète Krol s'écriait : « Le jour viendra où devant les portes de Byzance l'ennemi se rappellera le glorieux bouclier d'Oleg, et les cloches sonnant du haut de Sainte-Sophie célébreront l'union de tous les Slaves... »

Pour n'avoir parlé qu'en prose, les « Slaves étrangers » n'en dirent pas moins des choses fortes et belles, et répondirent dignement aux incantations de la muse moscovite. MM. Rieger et Brauner revendiquèrent pour la littérature tchèque l'honneur d'avoir conçu la « grande idée ; » mais l'honneur de la réalisation, ils le confiaient au peuple russe. « Vous êtes indépendants et forts, vous pouvez donc accomplir cette tâche, vous en êtes chargés par la Providence elle-même pour notre bonheur et celui de l'humanité entière. » Le docteur Polith entra plus avant dans le sujet et toucha au vif du problème. « Notre arrivée en Russie, dit-il, notre séjour dans sa capitale, prouvent de la manière la plus éclatante qu'elle porte à juste titre le nom de puissance *panslave*. C'est un événement qui a une portée colossale et qui aura des conséquences incalculables ; La mission créatrice de la Russie n'est pas seulement en Asie, elle est sur le seuil de l'Europe, dans l'Orient européen. La libération de l'Orient européen, telle est sa mission. La bataille de Sadowa a tranché la question de l'Orient européen : le monde germanique s'est séparé d'avec le monde slave ; la Russie n'est plus seulement une puissance russe, elle est devenue une puissance slave, panslave ; elle a pour cela la force matérielle et la force morale. Nous, Slaves d'Orient, nous chrétiens orthodoxes d'Orient, nous espérons que la Russie saura remplir sa mission ; son honneur et sa puissance y sont également engagés... » Ce discours remporta la palme oratoire, et M. Polith fut trouvé digne des honneurs du triomphe, du triomphe à la russe, le célèbre *katchat,* dont les soldats français de la campagne de Crimée ont conservé le souvenir étrange. On retira les tables, et le pauvre docteur fut saisi et lancé jusqu'au plafond, puis ressaisi et relancé de nouveau au milieu des cris, des trépignements de la fameuse *prisiadka* [19]. On conçoit qu'après une pareille explosion du sentiment slave l'illustre assemblée ne présentât plus qu'un aspect désordonné et confus. Un punch brûlant (*zjonka*), apporté à point, vint éclairer de ses lueurs bleuâtres le bizarre tableau final.

Si éclatante que fût la « semaine slave » de Saint-Pétersbourg, celle de Moscou la dépassa en ampleur, en intensité et en véritable frénésie populaire. L'ancienne capitale des tsars, « la sainte Mecque des croyants orthodoxes, la blanche mère Moscou, » comme l'appela M. Brauner, se montra ainsi le vrai cœur de l'empire, le foyer ardent de ses sentiments et de ses passions. A l'arrivée des hôtes (28 mai), « la foule se rua littéralement sur eux, au milieu des cris et des gémissements des femmes écrasées ; » ils furent enlacés, pressés, séparés les uns des autres et emportés au loin ; un des députés disparut de la sorte complètement et pendant un temps assez long pour donner des inquiétudes : ce Slave ne fut à la fin reconnu et retrouvé que grâce à son fez turc [20]. Les dîners, les concerts, les soirées et les bals se succédèrent sans relâche ; les « dames de Moscou » donnèrent même aux hôtes slaves un pick-nick de campagne (*datcha*) malgré le froid et la neige, qui ne cessèrent de régner jusque dans les premiers jours de juin. « Heureusement, dit à ce sujet la feuille de M. Katkov, la chaleur des cœurs suppléait partout à la chaleur atmosphérique ; qui faisait défaut. » On visita le Kremlin, le monastère Troïtskoï, les églises, et la vivante illustration de toutes ces églises, le vieux métropolite Philarète. Ce fut l'historien des hussites, M. Palaçky, qui porta à cette occasion la parole devant le grand théologien « de l'empire céleste des tsars [21] ; » il exprima le regret que les peuples slaves n'aient pas tous la même religion ! Son éminence répondit par un discours « en style ecclésiastique » sur l'unité spirituelle des Slaves, et finit par exhaler sa douleur au sujet de la *persécution religieuse* dont les Ruthènes en Galicie continuaient à être les victimes. Ces Ruthènes de la Galicie pourtant, ils ne sont nullement orthodoxes ; ils reconnaissent jusqu'à ce jour la suprématie du Saint-Siège à Rome. En quoi donc peuvent-ils éveiller la sollicitude de Mgr Philarète ? Chose curieuse, ce dont il fut le moins parlé à Moscou pendant tout le séjour des « hôtes slaves, » ce fut précisément cette *exposition ethnologique* pour laquelle ils avaient cependant été principalement invités, et dont le « grand intérêt scientifique » avait servi de prétexte à toute cette série de démonstrations ! La collection des « types, » qui avait tant donné à penser et à espérer à « l'éminent » professeur Ramazanov, la magnifique exhibition qui avait défrayé une telle multitude de programmes et de correspondances avec toutes les sociétés savantes du monde slave, les illustres touristes ne lui consacrèrent qu'une heure : *guarda e passa* ! « Chronos a donné naissance à Jupiter, avoue ingénument l'*Invalide russe* du 7 juin ; mais le fils est devenu plus grand que le père. L'exposition a attiré les Slaves à Moscou, mais elle n'a donné ainsi que le signal ; les circonstances ont créé d'un *incident insignifiant* un fait colossal, un véritable événement… » Le fait colossal engloutit non-seulement l'exposition ethnologique, mais aussi ce *congrès* dont on avait d'abord entretenu le public avec tant d'importance et même quelque peu de mystère. Parmi les différentes *journées* ou *semaines* slaves des mois de mai et de juin, nous avons cherché en vain quelque chose approchant d'un *congrès* dans le sens que l'Occident décrépit attache à ce mot, à moins qu'on ne veuille donner ce nom prétentieux à l'assemblée qui tint sa séance d'un jour (30 mai) dans la grande salle de l'université de Moscou, — séance de quelques heures, complétée le lendemain par un « dîner académique » dans la même salle. A cette réunion assistèrent les professeurs de Moscou, les députés slaves, les représentants des dix-huit sociétés scientifiques et littéraires de Russie, beaucoup de généraux et de hauts *tchinovniks*. Le recteur, M. Barchev, insista sur la légitimité des aspirations du monde slave. « De nos jours, les nations divisées tendent toutes irrésistiblement vers l'agglomération et l'unité ; cette tendance trouve une pleine approbation dans les sphères de la diplomatie européenne, est même mise en avant comme principe d'un nouveau droit des gens. Il est clair que dans de pareilles circonstances nos efforts vers l'union sont parfaitement légitimes et doivent être reconnus comme tels en Europe… Fortement attachés les uns aux autres par tous les liens du sang et de l'esprit, que ne pourront accomplir les

Slaves dans un élan commun ! Les montagnes seront déplacées, si nous les attaquons ensemble !... Unissons-nous, comme se sont unies en un seul tout l'Italie et l'Allemagne, et le nom de la grande nation réunie sera : géant !... »

Ensuite parlèrent les représentants des diverses sociétés convoquées, chacun au point de vue de sa spécialité, mais tous avec la conclusion identique de l'unité du monde-slave sous l'égide de la Russie. L'orateur de la « société des naturalistes » insista sur ce fait que la nature, bienfaisante et éternelle, n'a mis aucune barrière entre les Russes et les autres Slaves ; les frontières qui les séparent actuellement sont toutes artificielles, ils ont les mêmes montagnes, la même flore, les mêmes trésors minéralogiques enfouis dans le sol. — L'orateur de la « société d'économie rurale » se plaignit de ce que les habitants de la Bohême émigraient annuellement en si grand nombre pour l'Amérique au lieu d'aller chez un peuple-frère. « Il y a assez de place dans la sainte Russie ; la terre n'y manque pas ! En émigrant pour l'Amérique, un Slave court le jusque de perdre sa nationalité, sinon lui-même, du moins ses enfants ; en s'établissant en Russie, un Slave non-seulement ne perd pas sa nationalité, mais la fortifie et *acquiert la conscience de sa dignité* !... » Enfin l'orateur de la « société littéraire russe, » M. Stchebalski, aborda le grave sujet de la langue. Déjà le recteur, M. Barchev, avait touché à cette question épineuse. « Dieu seul, avait-il dit, sait où il mène la grande race slave ; mais, pour aller ensemble vers le but où il nous conduit, il faut que nous nous comprenions entre nous. L'unité de la langue est la plus forte des unités. » Précisant le problème, M. Stchebalski s'exprima ainsi : « De toute la masse des idiomes qui autrefois couvraient l'Europe, l'histoire a formé un petit nombre seulement de langues littéraires, et ces langues sont devenues les éléments conservateurs et moteurs de la civilisation générale. Frères slaves, suivons en ceci l'exemple de l'Europe occidentale ! Que chacun de vos idiomes se développe comme il veut, mais que tous apportent leurs différences locales et leur génie particulier en offrande au trésor commun d'une *langue panslave* ! Qu'une seule langue littéraire s'étende depuis l'Adriatique et Prague jusqu'à Arkhangel et l'Océan-Pacifique, et que chaque nation slave, sans égard à sa confession, adopte cette langue comme moyen de communication avec les autres !... » — « Oui, répondit un Bulgare, M. Bogorov, les Slaves doivent avoir une littérature commune et pour cela nous avons déjà une langue toute prête, *la langue russe…* »

Ce fut là le dernier et fin mot des délibérations dans la salle universitaire ; ce fut là la principale et « grande idée » que les députés du *congrès de Moscou* devaient reporter dans leurs divers pays ! A l'heure qu'il est, cette idée fait déjà son chemin ; à Prague, à Agram, à Belgrade, on demande à grands cris des chaires, des grammaires, des précepteurs et des théâtres russes ; les journaux tchèques, croates, etc., publient régulièrement des thèmes de la langue russe à l'usage du public, et M. Schmaler ne s'appelle plus seulement en slave et entre parenthèses Smoliar, il imprime encore ce nom en lettres russes ! Un seul parmi les illustres députés, un étudiant serbe, avait osé quelques jours plus tard, au banquet de Sokolniki, élever une voix timide contre la belle motion de MM. Stchebalski et le Bulgare Bogorov ; il avait demandé si, en adoptant une même langue littéraire, « les écrivains slaves ne finiraient pas par constituer une classe distincte, une espèce de caste brahminique au milieu des peuples qui ne comprendraient plus leur propre littérature ? » Un silence glacial et dédaigneux accueillit la parole de ce jeune homme d'un bon sens effrayant. La grande malédiction des Slaves de ne pouvoir médire des Allemands qu'en allemand dans leurs réunions fraternelles, cette calamité immense de toute une race, elle avait éclaté à Varsovie, à Saint-Pétersbourg et à Moscou d'une manière accablante, elle y avait même donné lieu à des scènes d'un haut comique, et les meneurs n'ont eu garde de ne pas exploiter une situation aussi piteuse. Dès les premiers débuts, à Saint-Pétersbourg, l'empereur Alexandre avait engagé individuellement les « Slaves étrangers » à étudier le russe ; visant plus juste et plus loin, la tsarine avait insinué l'adoption d'un même alphabet et d'une même orthographe pour tous les enfants de la grande famille ; au banquet présidé par le ministre de l'instruction publique, comte Tolstoï, s'étalait déjà une inscription portant : « la langue russe et la langue slave ne font qu'un ; » enfin, et dans la salle universitaire de Moscou, la solution était donnée, la formule trouvée : le russe deviendrait l'idiome littéraire, le *sanscrit vivant* « depuis l'Adriatique jusqu'à l'Océan-Pacifique !… » Qu'une telle pensée eût pu éclore parmi les Russes, parmi un peuple auquel un autocrate, Pierre le Grand, avait imposé un jour une nouvelle écriture (*grajdanka*), une nouvelle grammaire et un nouveau vocabulaire de son invention, — cela n'a guère lieu de surprendre ; mais que dire de ces Slaves qui, à Vienne et à Pesth, protestent contre toute langue commune dans les affaires d'administration seulement centrale pour les différents états des Habsbourg, et qui, à Moscou, souscrivent à une langue commune pour les littératures et les génies de tant de peuples si divers ? Que dire de ces Slaves d'Autriche qui, à Prague, à Agram et à Laybach, ne cessent d'invoquer les principes d'autonomie et de fédéralisme, et qui dans la cité du Kremlin applaudissent au professeur Ilovaïskoï alors qu'il s'écrie : « Le fédéralisme est une chose accidentelle et toujours peu durable ; ce n'est point par les fédérations que l'histoire marche en avant, c'est par les grandes nations ?... » Il serait curieux en tout cas que le *revival* slave en Autriche ; qui avait commencé et s'était continué jusqu'à ces derniers jours par une culture assidue et passionnée des divers idiomes nationaux, finit par un suicide volontaire dans les bras du *Svod* moscovite ; car que les écrivains tchèques, croates, serbes, etc., ne s'y trompent pas : en adoptant la langue russe pour langue littéraire, ou bien, comme le leur a dit le jeune Serbe Georgevits, ils s'aliéneront leurs peuples, et deviendront une caste incomprise, un nouveau *tchine* dans la hiérarchie du « céleste empire des tsars, » ou bien ils entraîneront à leur suite leurs peuples, dont les idiomes si heureusement refleuris retomberont à l'état de patois obscurs et méprisés. C'est la leçon enseignée par les annales de l'humanité, la grande et implacable *loi de sélection* dans l'histoire du langage ! Alors que deviendront les efforts de tant de générations, les monuments du passé retrouvés avec tant de joie, les conquêtes laborieuses et chères du zèle, de la patience et de l'amour ? Que deviendra le « purisme tchèque » admiré par la tsarine Maria-Alexandrovna, le travail des Dobrowsky, des Jungmann et des Vouk Stefanovits ? Que deviendront surtout le fameux *fragment de Libussa* et le *manuscrit de Kralodvor*, ce manuscrit de Kralodvor dont un membre du *congrès slave* a cru devoir entretenir la foule de Saint-Pétersbourg au moment même des adieux et jusque dans la gare du chemin de fer ? « Le principe démocratique est visible à travers les notions de droit slaves déposées dans le manuscrit de Kralodvor, » avait dit ce bon antiquaire [22]. Les Tchèques courent grand risque de perdre ainsi la *magna charta* de la démocratie slave que renferme leur musée de Prague !...

Le banquet de Sokolniki, qui entendit la parole si sensée du jeune Georgevits, fut la plus grande solennité de la « semaine slave » de Moscou. Au milieu de cette forêt de sapins, — le bois de Boulogne de la seconde capitale de l'empire, — dans un magnifique pavillon construit tout dernièrement pour la réception du tsar et de la princesse Dagmar, vinrent s'asseoir le 2 juin plus de six cents invités. Une foule immense, et que les journaux russes évaluent à trente mille hommes, stationnait dans les alentours, « couvrant du grondement de l'océan les bruits lointains de la salle. » Au centre de celle-ci se dressait le drapeau des saints Cyrille et Méthode (les deux apôtres de la Slavie orientale) ; sous cet étendard, qui à Saint-Pétersbourg avait déjà été accepté pour le symbole de l'unité slave, venait se placer tout orateur qui voulait haranguer les convives. C'était la ville même de Moscou qui fêtait ici les illustres hôtes, et M. Brauner, le député tchèque, ne négligea pas de célébrer « la blanche mère, la ville sainte qui, comme Scévola, a su mettre sa main dans les flammes, pour sauver la patrie, qui, comme Lucrèce la Romaine, a vengé sa pureté virginale en s'anéantissant, et qui, comme le phénix immortel, a su renaître de ses cendres plus glorieuse que jamais... » Un Bulgare se souvint que c'était du sein de sa nation qu'étaient jadis sortis les deux apôtres dont l'oriflamme flottait au milieu de la tente, et que c'était à ces deux saints que la grande race était redevable de la langue sacrée commune le slavon liturgique : il en prit acte pour rappeler à la généreuse et puissante nation russe ses devoirs envers la Bulgarie opprimée... C'est dans ce cercle, déjà bien connu de nous, de réminiscences et d'excitations que roulait la rhétorique du *symposion*, quand soudain un nom fut prononcé, et, pour parler avec le poète, ce nom « héla les Euménides. »

A part quelques allusions passagères et la figure du « Judas » évoquée dans les vers de M. Tiouttchev, il semblait jusqu'ici que Russes aussi bien que « Slaves étrangers » étaient tacitement convenus de ne pas faire mention de la Pologne, d'éviter une question encore toute sanglante et fumante. Le silence fut rompu à Sokolniki. MM. Palaçki et Rieger, qui, à Paris, avaient pris l'engagement ou plutôt *accepté le défi* « de dire la vérité aux Russes sur leur conduite en Pologne, » choisirent cette dernière et grande solennité slave pour dégager leur parole. Le signal, d'après un arrangement visible, fut donné par M. Pogodine, le fougueux professeur, que ses amis mêmes qualifient de « faux bonhomme, » et que ses violences seules contre l'insurrection de Varsovie, les toasts chaleureux portés en l'honneur de Mouraviev, avaient fait sortir du discrédit où il était tombé vers la fin du règne précédent. Jetant ses regards réjouis sur la famille slave, si unie dans ce fraternel banquet et si complète : — « Complète ? s'écria-t-il tout à coup, non ! car je ne vois pas les Polonais… Où sont-ils ? Hélas ! seuls de tous les Slaves ils se tiennent loin, et tandis que tous les enfants de la même patrie s'embrassent ici, ils demeurent, eux, les alliés des ennemis séculaires de notre race ! Ne les excluons pas cependant de notre famille pour toujours, et souhaitons que, revenus de leur aveuglement, ils reconnaissent leurs torts. Ah ! s'ils voulaient, oubliant le passé, renonçant aux inimitiés, se confier à la mansuétude de notre bien-aimé souverain ! La joie des Russes et des Slaves serait alors complète !… » Des murmures violents éclatèrent, et le fameux « slavophile » M. Aksakov protesta au nom même de la *fraternité*… « La mission de la Russie est de réaliser la fraternité slave dans la liberté ; tout peuple slave qui devient infidèle à cette mission commune qui se détourne de ses frères et les renie, renie par cela même sa propre existence et *doit périr* ! Telle est la loi immuable de l'histoire slave… »

M. Rieger se leva alors. Saisissant dans ses mains le drapeau des saints Cyrille et Méthode, il invoqua le nom de ces communs apôtres et la loi d'amour et de paix qu'ils étaient jadis venus prêcher parmi les Slaves. Il rappela à plusieurs reprises qu'en 1863, alors que tous les peuples de l'Occident sympathisaient avec l'insurrection de Varsovie, lui et M. Palaçky n'avaient pas hésité à se déclarer contre cette insurrection. « Nous avons reconnu hautement et franchement les torts et les injustes des Polonais, nous avons reconnu la justice des exigences russes. » Il ne contesterait nullement les crimes de la Pologne envers le peuple moscovite aussi bien dans le passé que dans le présent : dans le passé, elle a détaché de la Russie la branche petit-russienne et protégé le rite uni ; dans le présent, elle empêche l'unité des Slaves et fait cause commune avec l'Occident. « Tant que durera cette haine implacable, tant qu'une nation slave se trouvera en dehors de notre congrès *panslave*, tant qu'une nation slave sera en opposition avec les autres, il n'y aura ni concorde parmi nous ni succès dans notre vie commune. Si la lutte entre les Russes et les Polonais continue, qui nous assure que les Polonais n'appelleront pas encore à leur aide, dans un moment opportun, les Allemands, si grandis en puissance militaire ? Je prévois avec douleur que dans ces luttes périra encore une nation slave !.... » Revenant de nouveau sur les torts de la Pologne envers la Russie et sur leur juste punition, M. Rieger se demandait pourtant si la guerre était inexpiable et si toute pensée de paix devait être abandonnée pour jamais. « Qu'y a-t-il à faire quand un frère a offensé l'autre et quand l'offensé a vaincu son adversaire ? Faut-il que l'amertume, la haine, durent pendant des siècles ? Je crois qu'il doit venir un moment où l'amour fraternel parle de nouveau, à ce moment décisif, le héros vainqueur peut dire avec magnanimité au frère vaincu : Je t'ai dompté, tu es à ma merci, je puis faire de toi ce qui me plaît ; mais je suis juste et je suis un frère, je te fais don de la vie !... » M. Rieger ne prétendait pas indiquer les moyens ni déterminer le moment d'une réconciliation possible ; il s'en rapportait au cœur et à la sagesse d'Alexandre II, de ce tsar magnanime « qui n'est pas seulement un grand monarque, mais un grand et noble Slave. » Il exprimait seulement une espérance. « Je veux croire que les Polonais feront l'aveu de tous leurs torts, de toutes les injustices qu'ils ont commises envers vous, qu'ils en exprimeront le repentir, et alors vous de votre côté... Je sais que votre cœur est encore rempli d'amertume, que *vos blessures saignent encore* ;... mais quand le droit russe sera franchement reconnu par les Polonais, alors j'espère que vous aussi, comme bons Slaves, comme une nation magnanime et sentant sa force, comme bons fils et disciples fidèles de nos saints apôtres, vous prononcerez le mot de l'amour et du pardon !... »

Certes il y avait quelque mérite, il y avait peut-être bien aussi quelque courage à prononcer un pareil discours devant une pareille *assemblée*, et toutefois que d'outrages ce discours ne faisait-il pas à l'histoire, à la vérité, à la conscience humaine, quel enfer de mensonge et d'opprobre ne prétendait-il point paver de ses bonnes intentions ! Comment pouvait-il reprocher à la Pologne d'avoir détaché la branche petit-russienne de la Russie à une époque où la Russie n'était pas encore de ce monde, et où le noyau lui-même du futur empire des Romanov, le duché de Moscou, était courbé sous le joug des Mongols [23] ? Était-ce bien aussi à un enfant de la civilisation occidentale, à un représentant de la catholique Bohême, de faire un crime à la Pologne d'avoir voulu préserver ses pays de l'influence délétère du byzantisme, d'avoir favorisé le rite uni, le seul moyen connu pour amener les peuples déshérités de l'église orientale à la liberté et au progrès ? Et que dire de ces torts et de ces injustices de la Pologne envers la Russie dans les temps présents ! Que dire de cette habileté oratoire qui, passant sous silence les convulsions terribles d'une nation égorgée, parle « des blessures encore saignantes » des exécuteurs ? Que dire de ce raisonnement qui intervertit les rôles et pervertit le sens de l'innocence et du crime ? Il y a quelque chose de pire que d'user de son langage pour déguiser sa pensée, c'est de la flétrir ; il y a quelque chose de plus triste que de donner des dehors honnêtes à un sentiment mauvais, c'est de donner à un sentiment honnête une expression vile et avilissante… Eh bien ! si avilissante que fût la parole de M. Rieger pour la Pologne, si calculée qu'elle fût pour flatter tous les instincts, toutes les susceptibilités du peuple moscovite, elle n'en provoqua pas moins une véritable tempête. L'orateur, jusque-là si aimé et à tout moment applaudi, ne put cette fois continuer qu'au milieu des murmures, des interruptions violentes et des coups de sifflet, et lorsqu'il eut fini, un grondement sourd le poursuivit jusqu'à son siège. « On ne comprenait pas, dit la *Gazette de Moscou*, à quel résultat pratique pouvaient mener de pareils discours, mais tout le monde sentait qu'il serait désastreux qu'ils restassent sans réponse. Le malaise fut général, l'embarras partagé par toute l'assistance ; ils cessèrent instantanément quand, sous le drapeau des saints Cyrille et Méthode, parut le prince Tcherkaskoï. »

Dans un charmant récit que se rappelle bien tout lecteur de la *Revue*, un romancier d'un grand talent a tracé du génie russe un type dont la profonde et philosophique vérité ne saurait guère être pleinement appréciée que par celui qui a traversé la dure école de la servitude moscovite. *Le comte Kostia* est un homme bien élevé, affable, spirituel, savant même ; mais il a une fille dont les traits lui rappellent un souvenir importun. Il veut changer ces traits, il coupe la chevelure de cette belle enfant, il lui impose les habits, l'éducation et les occupations d'un garçon ; il s'ingénie à détruire en elle le sourire, les grâces, les sentiments d'une fille, il lui interdit d'être femme ; devant le monde, devant son père, devant elle-même, il faut qu'elle soit homme !… Refaire l'œuvre de Dieu, refondre une âme, amener une créature humaine à changer d'individualité, de personnalité, de sexe même, — que c'est bien là une idée russe ! que c'est bien là surtout le système russe en Pologne, et que c'est bien l'incarnation vivante de ce système qui vint, à Sokolniki, répondre au discours de M. Rieger !.. Issu d'une famille tartare de la Circassie, le prince Tcherkaskoï n'avait encore suivi aucune filière du service public, traversé aucune branche d'une administration quelconque, lorsque tout d'un coup, et grâce à la protection de la grande-duchesse Hélène, il devint le Justinien et le Lycurgue d'un pays qui lui était complètement inconnu. Nommé chef des départements de l'intérieur et des cultes après les événements de 1863, il reçut la mission « d'organiser la Pologne, » et il y arriva avec un plan bien arrêté, dont il donnait du reste la formule brève et compréhensive à quiconque voulait l'entendre. Il se proposait de refondre l'âme de la Pologne, « d'y déraciner le *latinisme* et d'y implanter à sa place une véritable civilisation *slave*. » Mélange bizarre d'Asiatique, de bureaucrate et de slavophile, il s'imposa la tâche de faire un peuple tout nouveau et « purement slave » d'une nation qui comptait dix siècles d'existence, d'une nation qu'il appelait « féodale, » parce qu'elle était tout simplement chrétienne et occidentale. Le pays avait une administration fortement organisée, M. Tcherkaskoï la détruisit, des finances assez bien réglées, il les bouleversa, une capitale très animée, il en fit une ville de province ; il produisit un chaos épouvantable, et qui finira par créer un Kourdistan ou un Dahomey au beau milieu de l'Europe. il changea les noms des cités et les enseignes des boutiques, il régla les études dans les lycées et les menus dans les restaurants, il imposa un jour aux écoles primaires un nouvel abécédaire de son invention : la langue restait encore polonaise, mais les caractères devaient être russes et grecs. Sceptique lui-même comme tout Russe bien élevé, adepte de cet *athéisme orthodoxe* qu'on a naguère officiellement préconisé à Wilna [24] il devint, en haine du « latinisme, » zélateur ardent et infatigable de la religion schismatique. Il exila les évêques, dispersa le clergé, alla un matin en grande pompe, dans une voiture attelée de six chevaux, abattre de sa propre main les orgues de l'église de Chelm. Tout-puissant et ayant à sa disposition une armée d'employés dévoués, le prince Tcherkaskoï aime cependant à procéder en conspirateur et par des coups d'état journaliers. Sectaire haineux et fanatique froid, il s'acharne aux détails les plus futiles et tranche en même temps les questions les plus graves et les plus délicates avec l'effroyable promptitude et l'ignorance dédaigneuse des hommes de 1793. Lorsqu'à son arrivée à Varsovie il développa son « plan » devant un haut fonctionnaire russe, l'homme vieilli dans la routine administrative hasarda la remarque qu'un bouleversement si radical exigerait des études minutieuses : — « Oh ! fit le prince, moi et Miloutine nous avons réglé tout en wagon de Pétersbourg jusqu'ici… »

Dans sa réponse à M. Rieger, le prince Tcherkaskoï traita la question polonaise sous le double point de vue du droit politique et du droit administratif. Il prouva, chiffres en main, qu'au point de vue administratif « les quelques *goubernies vistuliennes* de l'empire » (c'est sous ce nom qu'il désigna le royaume de Pologne aux applaudissements bruyants et prolongés de l'assemblée) étaient aussi bien partagées que les autres provinces de la Russie : elles ont les mêmes tribunaux, les mêmes écoles et les mêmes impôts ; encore l'impôt sur l'eau-de-vie y est-il de beaucoup moindre ! « Ces faits, dit-il, peuvent, je crois, tranquilliser et votre propre conscience et la conscience de toute la Russie devant l'Europe et devant nos frères slaves. » Quant au droit politique, c'est la Russie seule qui en 1815 a créé la Pologne. L'état polonais n'existait plus alors ; « son existence ! il l'avait dispersée sur tous les carrefours de l'Europe !… » La Russie fit en 1815 don aux Polonais de la liberté politique ; mais ce bienfait, les Polonais l'ont perdu, irrévocablement perdu par les révoltes de 1830 et 1863. « La Russie a réglé une fois pour toutes et sans retour ses vieux comptes avec la Pologne, et de même qu'il n'y a pas de force au monde capable de faire remonter leur courant aux fleuves, de même aucune force au monde ne pourra rien changer aux relations établies maintenant entre la Russie et la Pologne !… » Ce n'est que lorsque les « quelques goubernies vistuliennes » auront pleinement et volontairement renoncé à toute pensée d'existence distincte qu'une réconciliation deviendra possible. Le prince Tcherkaskoï finit par cette péroraison : « quand les fils de la Pologne retourneront d'eux-mêmes sous le toit commun de la famille, non en fils récalcitrans, mais, comme cet enfant prodigue de l'Évangile, remplis de contrition et d'humble repentir, alors nous leur ouvrirons nos bras tout larges, et il n'y aura pas dans notre troupeau de veau assez gras que nous ne voulions tuer pour ce joyeux festin !... »

On se doute de l'accueil que dut faire la sainte Russie à cette apologie magistrale de son œuvre en Pologne. « Il nous est impossible, dit la *Gazette de Moscou*, de rendre l'impression produite par le discours de l'honorable orateur ; on se précipita en foule pour embrasser le prince, Tcherkaskoï, et de tous les côtés on lui cria : Merci ! merci ! que Dieu vous bénisse (*spasibô*) !... » L'assemblée, un moment déconcertée, reprit sa sérénité et son entrain ; les convives se levèrent et se portèrent tous hors de la tente, devant la foule, précédés de la députation slave et du drapeau des saints Cyrille et Méthode ; « C'était vraiment un moment incomparable, un spectacle qui élevait l'âme. Cette mer de têtes humaines se calma instantanément, et tout le monde se découvrit devant le saint symbole de l'unité slave... »

Une rapide excursion à Cronstadt termina la longue odyssée des « Slaves étrangers » à travers la Russie. Dans ce port du golfe de Finlande, ils allaient « saluer avec piété la seule flotte purement slave qui existe au monde. » L'amirauté les reçut avec une grande pompe militaire, leur fit voir les forts, les arsenaux, les docks, les vaisseaux et les *monitors* en rade ; les matelots exécutèrent diverses danses nationales. Les hôtes dalmates furent surtout distingués : depuis la bataille de Lissa, ces enfants vigoureux de l'Adriatique, que Garibaldi appelle « ses frères en Italie, » sont devenus particulièrement intéressants pour la Russie. Du reste, à en croire le député dalmate au congrès de Moscou, le père Danilo de Zara, les rapports entre sa nation et la marine russe datent de loin, et ont toujours été fraternels et vraiment slaves. « En 1806, la flotte russe défendait les Dalmates contre les Français, et pendant la guerre d'Orient les Dalmates de leur côté recueillaient et cachaient les navires russes poursuivis par les croisières anglo-françaises. » Au dîner qui couronna la fête nautique de Cronstadt, un député du nom de Krstitch porta un toast à la flotte russe : « Que la flotte russe soit bientôt reconstruite et paraisse de nouveau dans l'Euxin, messagère de la délivrance ! Que le drapeau russe plane sur les

Dardanelles, qu'il plane sur la basilique de Sainte-Sophie !... »
C'est aussi dans la cathédrale de Cronstadt que fut déposée en
procession solennelle l'oriflamme de Cyrille et Méthode, le témoin
de tant de banquets fraternels, le symbole de l'unité slave.

Section III

Quelque étranges que puissent sembler les scènes qui viennent
d'être esquissées, quelque bizarre que fût la grande féerie politique
qu'on avait montée à Saint-Pétersbourg et à Moscou dans les mois
de mai et de juin, on aurait tort de n'y point attacher d'importance,
de n'y pas voir un symptôme menaçant et un véritable signe
du temps. Nous ne dirons pas avec le journal officiel russe que
le *congrès de Moscou* est un fait « colossal ; » mais c'est à coup sûr
un fait grave et qui mérite d'être pris en très sérieuse considération.
Certes les menées moscovites dans les pays du Danube et du
Balkan ne sont pas précisément d'invention toute récente, elles
remontent même bien loin dans le passé, elles datent du règne de
la grande Catherine. Avec plus ou moins de hauteur et de dédain
envers la Porte-Ottomane, avec de très grands ménagements au
contraire à l'égard du cabinet de Vienne, la Russie a toujours eu
soin d'entretenir chez les Slaves de l'Autriche et de la Turquie des
intimités, des relations au nom de la foi ou de l'origine commune.
Sous main et à la sourdine, la propagande panslaviste est conduite
ou protégée depuis bientôt un siècle ; mais c'est pour la première fois
que le gouvernement de Saint-Pétersbourg en assume hautement
la responsabilité, qu'il fait déployer dans ses états le drapeau des
sainte Cyrille et Méthode. Dans un empire où tout est surveillé,
réglé et commandé d'en haut, où rien ne se fait spontanément, où
tout est arrangé et *voulu*, des « Slaves étrangers, » sujets de deux
puissances voisines et « amies, » ont été admis, ont été provoqués
à venir exposer leurs griefs, porter des plaintes contre leurs
gouvernements respectifs, demander assistance et délivrance au
nom d'un droit des gens tout nouveau, du principe fraîchement
écrits des grandes agglomérations et des unités nationales. *On n'a
pas été assez niais,* — pour emprunter le style de l'organe ministériel,
— on n'a pas été assez niais pour éconduire ces « députés » étranges,
pour leur parler raison et résignation ; on leur a parlé au contraire

d'un « sort meilleur et prochain, » on les a promenés à travers toutes les villes de l'empire au milieu des manifestations enthousiastes dirigées par les colonels et les archimandrites, on les a accablés de témoignages de sympathie, d'ovations et de démonstrations auxquelles prenaient part l'armée, la magistrature et tout ce qu'il y a d'élevé dans le monde officiel. Des généraux, des amiraux et des ministres ont présidé à des banquets où le désastre de Sadowa fut célébré comme uni événement providentiel et heureux par des sujets de l'empereur François-Joseph, où des appels furent adressés au tsar, au *baliouchka* (père), afin de venger les outrages séculaires de la Blanche-Montagne et de Kossovo, de planter la bannière russe sur les Dardanelles et la basilique de Sainte-Sophie, où la Russie fut proclamée une puissance *panslave*, une puissance engagée d'honneur à réaliser la « grande idée. » Ce qu'il y a de plus grave, c'est que la Russie elle-même a reçu de toute cette agitation un contre-coup et un élan qu'il serait désormais difficile de vouloir comprimer, dont le gouvernement au ; contraire devra forcément tenir grand compte. A ce peuple moscovite si docile et si impérieux en même temps, à la fois rusé et Fataliste, esclave et orgueilleux, on vient de donner un mot d'ordre et un idéal tout nouveau ; ce peuple commence à croire qu'il a des « frères » opprimés non-seulement en Turquie, mais en Autriche, et que « le nom du *tsar libérateur* doit passer les frontières russes ; » il commence à se persuader que son « droit » est lésé en Europe, et qu'on lui retient quelque part un bien légitime ; il s'habitue aux cris de *Slava* ! et parle déjà volontiers d'une grande race cruellement « démembrée » et que le *batiouchka* va réunir…

Ivresses passagères des esprits quelque peu surexcités, fumées des batailles de Giczyn et de Kœnigsgraetz, rêveries indignes d'occuper des hommes politiques sérieux !… diront ici sans doute les diplomates corrects et rangés, les habiles et les fins qui ont toujours « peur d'avoir peur. » Rêveries ?… Qu'étaient autre chose, il y a quelques années à peine et aux yeux de tous les hommes réputés sérieux, l'*Italia una* de Mazzini, le « Slesvig-Holstein » du professeur Dahlmann et l'Allemagne du *National Verein*, « l'Allemagne avec une *pointe* prussienne [25] ? » Les rêveries sont bien près le devenir des réalités par le temps qui court, alors surtout qu'elles ont pour garantes la politique d'un gouvernement sans scrupule et l'imagination d'un peuple en effervescence ! Les épreuves d'un passé tout récent ne sont guère faites pour ôter toute croyance aux mauvais rêves, et encore moins voudra-t-on se reposer en pleine quiétude sur telle déclaration de l'organe officieux de M. de Bismark [26], que la Russie « ne prétend qu'à introduire une certaine unité dans le développement intellectuel des Slaves, » ou, comme l'a dit le comte Tolstoï, à « resserrer leurs liens moraux. » Oh ! les agitations toutes morales, les aspirations toutes morales, les influences toutes morales de nos jours ! — et qu'elle serait curieuse l'histoire de ce tout petit adjectif qui depuis peu est devenu l'immanquable *epitheton ornans* de tant de vilaines choses ! « La Prusse doit faire des *conquêtes morales* en Allemagne [27], » avait déclaré en 1858, à son avènement et avec solennité, ce roi Guillaume Ier qui, en 1866, a conquis le Hanovre et le Francfort par les armes spirituelles que l'on sait. C'est aussi par les *moyens moraux* que les Italiens prétendent avoir Rome, et les *liens moraux* que le comte Tolstoï veut resserrer parmi les Slaves ne sont guère de meilleure étoffe.

Au reste, ce qui se passe à l'heure qu'il est dans les pays slaves de la Turquie et de l'Autriche, les conceptions de chaque semaine et les incidents de chaque jour prouvent surabondamment que la Russie ne compte pas avoir donné une représentation unique, qu'elle fait étudier et répéter les rôles pour les spectacles futurs, que l'œuvre ébauchée est poursuivie avec ardeur, et que la « grande idée » fait des conversions nombreuses. N'oublions pas non plus que de ce séjour des « Slaves étrangers » en Russie nous ne connaissons que la partie officielle, les discours prononcés aux banquets et dans les réunions publiques ; les pourparlers intimes, les conventions secrètes, nous échappent. Il est clair toutefois que les pieux pèlerins de Moscou sont rentrés dans leurs foyers chargés de reliques et avec une foi plus ardente que jamais dans le « céleste empire des tsars. » — « Nous sommes venus en Russie, a dit un de ces pèlerins, un Croate, un juge au tribunal d'Agram, M. Soubotits, nous sommes venus en Russie, et nous l'avons trouvée si grande que le nom d'empire ne lui suffit pas, mais qu'il faut plutôt l'appeler un monde entier ! Nous avons trouvé Saint-Pétersbourg et Moscou des villes sans pareille ; nous avons trouvé Cronstadt une forteresse sans pareille ; nous avons trouvé la nation russe grande comme aucune autre ne l'est dans l'univers, et nous avons trouvé parmi elle une affection sans pareille… » Un journal des Ruthènes de l'Autriche, un journal des campagnes [28], après avoir fait de la sainte Russie un tableau enchanteur, s'écrie : « C'est là qu'ont été nos députés chéris ! On se les est arrachés, on les a menés de maison en maison et de banquet en banquet, et partout sur leur passage on leur criait : hourrah, slava' ! et le batiouchka-tsar lui-même les a régalés chez lui, et la matouchka-tsaritsa (l'impératrice-mère), et le frère du tsar, le grand-duc Constantin, et les ministres, et les généraux, et les seigneurs boyards, les ont tous fêtés et se sont amusés avec eux comme en famille. Et ils nous ont promis des secours émargent, en livres et en tout pour que nous n'oubliions pas notre origine commune et leur gardions amour dans nos cœurs… » Le cabinet de Saint-Pétersbourg peut maintenant défier le monde de trouver des « agents russes » dans les pays du Danube et du Balkan : il en a désormais là-bas d'indigènes bien plus nombreux, bien plus précieux et bien plus libres de leurs mouvements, beaucoup moins gênés, beaucoup moins gênants, sinon moins coûteux que les autres. Aussi l'action est-elle loin de chômer, et tandis qu'en Russie se forme un comité permanent pour les intérêts de l'unité slave sous les auspices du grand-duc Constantin, la proposition faite à Moscou par M. Rieger d'établir des congrès slaves réguliers (congrès de savants, de naturalistes, d'économistes, d'artistes, etc.) est en pleine exécution : on nous annonce « un congrès de la Jeunesse slave » à Belgrade, et même un congrès panroumain ou dacque à Bucharest. Les adresses d'étudiants, si à la mode de nos jours, ne font pas non plus défaut ; les hautes écoles de Prague, de Belgrade, de Moscou, échangent entre elles des missives touchantes ; mais, c'est surtout « l'étude du russe » qui est devenue le mot d'ordre de l'agitation dans les pays slaves de l'Autriche.

En déployant les journaux tchèques, croates, serbes, on est frappé par l'étrange spectacle de colonnes entières remplies de thèmes russes, d'annonces des cours, des leçons, des libres, dictionnaires et grammaires russes, et en attendant que l'illustre M. Serol (« le Mezzofanti de la Bohême, » ainsi que l'appellent les feuilles locales, rapporte de Saint-Pétersbourg une grammaire « rationnelle » russe pour tous les Slaves, on a eu la diligence de réimprimer la grammaire de Mikesz, qui est déjà arrivée à sa quatrième édition dans l'espace d'un seul mois ! « La langue russe, disent les *Narodni-Noviny*, l'organe principal des Tchèques, est la langue de la nation la plus nombreuse dans la grande famille slave, et *il est clair* que les autres peuples slaves doivent se l'approprier. Il faut que chaque Slave apprenne avant tout le russe et l'enseigne à ses enfants ; alors les Allemands auront la preuve que la nation slave a une langue commune... » Il est encore plus facile de s'approprier un costume qu'une langue ; aussi l'*Invalide russe* du 11 juillet annonce-t-il avec joie que « les membres des différents *sokols* [29], ont adopté le costume national russe ; plusieurs même parmi eux ont fait acheter à Saint-Pétersbourg ou reçu en cadeau des chemises rouges russes et des *poddiévki*... » De même c'est par l'hymne russe « Dieu protège le tsar » que les différents *sokols* inaugurent maintenant leurs concerts, tournois et promenades, et, si soigneuses que soient les autorités autrichiennes d'éviter tout sujet de froissement avec le cabinet de Saint-Pétersbourg, elles se sont néanmoins vues dans la nécessité de défendre tout dernièrement à Laybach, par un avis officiel, l'exécution de cet hymne *national*, « du moins dans les restaurants et les lieux publics. » Les grands meneurs de toute cette étrange agitation sont partout et toujours les Tchèques, et qu'ils sont fertiles en idées, généreux dans leurs conceptions ! . Ils viennent de monter sur le théâtre national de Prague la grande pièce patriotique, l'opéra *Mourir pour le Tsar*, et une cantatrice célèbre de Saint-Pétersbourg, Mme Alexandrova, a été engagée pour ce rôle spécial. Ils organisent des agences pour diriger vers les « provinces occidentales » de la Russie les nombreux émigrants de leur pays ; on leur donnera dans ces provinces les terres dont les Polonais ont été expulsés par les terribles oukases de Mouraviev et de Miloutine [30] ; ces frères tchèques ne rougissent pas de profiter des dépouilles de tant de familles exilées et expropriées ; ils n'hésitent même pas à vouloir ravir aux Polonais jusqu'à leurs biens intellectuels et moraux. Ils viennent de signer une adresse à l'empereur Alexandre II demandant la conversion de l'université polonaise de Varsovie en une université « slave. » On veut ainsi ôter au malheureux royaume la seule école nationale qu'a cru lui pouvoir laisser l'implacable destructeur du *latinisme*, le prince Tcherkaskoï.

Que les Slaves de l'Autriche aient pu donner dans le piège si grossièrement tendu par les meneurs, qu'ils aient pu se jeter avec tant de résolution et de passion dans une voie où les attend le plus honteux des suicides, c'est à coup sûr un spectacle à confondre la raison, à faire douter du libre arbitre. On est tenté de se demander si nos malheureux temps n'ont plus aucun ressort moral, si tout dans notre humanité est livré à une force mécanique aveugle, à la loi toute matérielle d'attraction que les grands corps exercent sur les petits dans le monde purement physique. Certes nous nous garderons bien de tomber dans l'erreur aussi injuste qu'impolitique des Allemands, qui n'ont jamais eu que de la haine ou du mépris pour les aspirations des Slaves de l'Autriche vers un développement historique et national ; ce n'est pas nous qui, dans ce siècle de plat nivellement et d'effroyable effacement, refuserons nos hommages aux peuples, grands ou petits, qui tiennent à se conserver ou à se faire une individualité, une personnalité distincte. Non ! il y avait quelque chose de très respectable, de très touchant même dans le réveil des Tchèques, des Croates, des Serbes, dans leurs pieux efforts pour renouer la chaîne des temps, pour renaître à la vie nationale après des siècles de servitude, de léthargie ou d'oubli ; dans ce travail lent et pénible, ils ont fait preuve de beaucoup de volonté, d'énergie et de passion généreuse. Il n'est pas jusqu'aux faiblesses et aux ridicules d'un patriotisme surexcité ou surfait, jusqu'à ces puérilités archéologiques et grammaticales qui ne trouvent chez nous une indulgence attendrie... Et ce travail, tant de richesses déjà acquises, on les sacrifierait pour la « grande idée » de la race ; tant de vies laborieusement rappelées ou créées, on les jetterait dans la fosse commune du panslavisme moscovite !... Ou bien est-ce sérieusement que les Tchèques, les Slovaques, les Croates, se flattent de pouvoir conserver leur nationalité, leur autonomie, leur individualité propre dans le « céleste empire des tsars ? » L'exemple de la Pologne ne leur a-t-il donc rien appris ?

La Pologne est une nation slave bien autrement et plus fortement constituée que tel de ses peuples-frères des bords de la Sawa ou de la Weltawa. Sa chute ne date pas de la Montagne-Blanche ou de Kossovo, du XVe ou du XVIe siècle, et après sa chute même la Pologne n'a pas cessé de vivre de la vie européenne, de participer aux victoires et aux revers de l'humanité active et militante, « de disperser son existence sur tous les carrefours du monde, » comme l'a dit dédaigneusement le prince Tcherkaskoï. Pour montrer un passé antique et glorieux, elle n'a pas besoin de déterrer quelque chronique poudreuse, elle peut en appeler aux plus grandes pages dans les annales de la république chrétienne ; pour faire preuve d'une littérature originale et d'un génie bien à elle, elle n'a que faire du *fragment de Libussa* et du *manuscrit de Kralodvor* : elle a eu un Copernic, un Skarga, un Kochanowski, hier encore elle avait Miçkiewicz, Slowaçki et le *poète anonyme*… Eh bien ! à cette sève nationale, puissante et vivace comme elle ne le sera jamais chez les compatriotes de MM. Rieger et Polith, la Pologne n'a dû qu'une agonie, plus lente et plus douloureuse dans les étreintes de la sainte Russie. Que peuvent donc espérer les hysopes du mur, là où le cèdre du Liban a été rongé et abattu ?… Quel avertissement aussi pour les Slaves d'Autriche dans ce *congrès de Moscou*, dont pourtant ils sont revenus si heureux ! Le premier pas vient à peine d'être fait, on n'est encore qu'aux préliminaires d'une entente purement spéculative et morale, et déjà pour condition préalable de toute alliance on leur impose le russe comme langue commune et littéraire, on demande à chacun des peuples-frères le sacrifice de son idiome propre, de ce qui constitue la plus grande part de sa nationalité ! Pourquoi alors tant maudire les farouches vainqueurs de la Montagne-Blanche et leur éternellement reprocher la destruction de l'ancienne littérature tchèque ? Et ce ne sont là que les premiers serrements des « liens » encore tout *moraux* ! Que sera-ce donc alors que ces liens seront devenus un peu plus matériels, et que « l'idée » aura enfin été réalisée ?

Nous savons bien la réponse que font les meneurs de Prague à toutes ces objections : c'est que les Slaves d'Autriche sont lésés dans leurs droits historiques et nationaux, c'est que le récent partage des libertés publiques dans les états des Habsbourg s'est fait à leur détriment, c'est que, numériquement les plus forts dans l'empire, ils ont été sacrifiés par le système dualiste de M. de Beust à la minorité allemande de Vienne et à la minorité magyare de Pesth. Sans doute ces réclamations ne manquent point de fondements réels : M. de Beust a peut-être eu trop hâte « d'aller au plus pressé, » d'établir un régime normal quelconque et de jouir d'un succès auprès des journaux de l'Europe ; il n'a pas eu assez d'égards pour les privilèges acquis et les intérêts vitaux de plusieurs peuples de la monarchie. Cela justifierait-il cependant un appel à l'étranger, à la ruine ? N'eût-il pas été plus sensé et plus digne de s'en fier au droit, à la raison, à la liberté, et ne fût-ce qu'à la nécessité impérieuse de la situation, pour le redressement des torts ? Au reste, les Slaves n'ignorent point la cause véritable de leur infériorité en Autriche : numériquement en effet les plus forts dans l'empire, ils en seraient devenus déjà depuis longtemps les maîtres reconnus, si seulement ils avaient pu égaler le sens politique de la minorité magyare et la civilisation avancée de la minorité allemande, — et hélas ! ce n'est pas d'un sens politique ni d'un sens moral supérieurs qu'ils ont donné la preuve par leur dernier appel à la Russie… Est-ce de la Russie qu'ils attendent le complément des libertés que leur retient l'Autriche ? Qu'ils essaient donc dans l'empire des tsars l'usage le plus modéré de l'une des nombreuses. libertés que leur laisse le grand oppresseur M. de Beust, liberté de la presse, liberté de réunion, liberté de discussion et malheureusement aussi liberté de déchirer le sein de la monarchie et de faire des pèlerinages au Kremlin. Ah ! si l'Autriche avait convoqué à Vienne ou à Cracovie un congrès pareil à celui qui a eu lieu à Moscou, et que des Polonais du royaume ou de la Lithuanie y eus sent pris part, combien de gibets se fussent déjà dressés à Varsovie et à Wilna, que de familles déportées et de fortunes confisquées, tandis que MM. Rieger et Palaçky sont très tranquillement revenus à Prague ! Comment font ces messieurs pour échapper à un rapprochement si simple cependant et si instructif ? comment font-ils surtout pour ne pas voir que ce n'est point leur Bohême dans tous les cas qui pourra jamais profiter de la réalisation de la « grande idée préconisée à Moscou ? Un coup d'œil jeté sur la carte suffit pour convaincre que, s'il devait jamais être procédé au démembrement de l'Autriche, ce n'est point à la Russie, c'est à la Prusse qu'écherrait de toute nécessité le royaume d'Ottokar. Au démembrement de l'Autriche, les Tchèques ne seront pas réunis à la *Slava* des tsars, ils ne jouiront même pas du bonheur d'être Russes ; ils échangeront un Habsbourg contre un Hohenzollern, et un Hohenzollern est tout autrement passé maître dans l'art de germaniser les pays slaves ! Ne sont-ce point les journaux de Prague eux-mêmes qui ont tout dernièrement relevé le mot attribué au prince Gortchakov ? « Ces pauvres Tchèques, aurait dit le chancelier, ils travaillent pour le roi de Prusse !... » Il est vrai que les journaux de Prague se tranquillisent par la réflexion que « le prince Gortchakov n'est pas le peuple russe ! » il est plus vrai encore que, le cas échéant, ils pourront se consoler du moins par la pensée qu'ils n'ont pas été les seuls par le monde et de nos jours à avoir travaillé de la sorte…

Nous l'avons prononcé, le mot fatal du *démembrement de l'Autriche*, et il faut bien se résoudre à envisager cette éventualité poignante, car c'est là que tend la propagande panslaviste, c'est là le danger immense dont l'Europe est maintenant menacée. L'Europe du XIXe siècle a vécu jusqu'ici sous l'oppression de l'inconnu terrible qu'on appelait la question d'Orient. Eh bien ! elle a maintenant deux questions d'Orient au lieu d'une elle doit désormais préserver l'Autriche aussi bien que la Turquie d'un démembrement inique ; qui sait même si la Turquie ne présente point à l'heure qu'il est plus de conditions de durée que le vieil empire des Habsbourg ? La Porte-Ottomane n'a devant elle que l'ennemi russe, et ses populations slaves (nous ne parlons pas de la Serbie, complètement émancipée aujourd'hui) sont loin d'être remuantes et entreprenantes ; le cabinet de Saint-Pétersbourg pourra exciter sur quelques points les Bulgares et les Bosniaques, mais il n'en fera jamais des agents aussi actifs, aussi corrosifs que les Tchèques. Quelque médiocre que soit d'ailleurs notre estime pour l'Osmanli, tous ceux qui ont visité la péninsule, reconnaissent pourtant qu'il y est le seul doué du génie gouvernemental, qu'il a l'instinct du commandement et qu'il sait imposer aux *raïas* soumis à son pouvoir. Enfin le padischah a en Europe près de deux millions et en Asie plus de dix millions de croyants fidèles qui lui portent un culte fanatique et qui, à son signe, savent combattre et mourir. La comparaison, sous tous ces points de vue, ne tourne guère à l'avantage de l'Autriche. Elle se trouve en face de la Russie et de la Prusse en même temps ; les populations désaffectionnées qu'elle renferme, les populations slaves, sont plus avancées, plus résolues, plus enflammées que les *raïas* de la Turquie, et que dire de ses sujets allemands, dont les sympathies pour l'œuvre de M, de Bismark deviennent de jour en jour plus manifestes ! Parmi les diverses races établies sur le sol de l'Autriche, il n'y en a pas une d'incontestablement supérieure et qui seule puisse s'imposer à toutes les autres, leur inspirer le respect et l'obéissance, employer à leur égard ce ton d'autorité qui est si naturel au musulman au milieu de ses tributaires. Quant au culte dont le nom impérial était autrefois l'objet, aux dévouements admirables qu'il savait jadis provoquer, le moyen d'y compter après la perte de sa haute position en Allemagne, d'où venait le principal prestige, après des désastres si terribles et si multipliés qui ont découragé l'armée et ôté à la bureaucratie toute confiance en elle-même ? Ayant ainsi à son choix les deux proies également convoitées, qui voudra affirmer que ce n'est point sur l'Autriche que fondra d'abord « l'aigle du Caucase, » alors, surtout qu'il y sera poussé par le vautour prussien, avide de son côté de consommer son œuvre allemande ? Qui osera prédire que ce n'est point par la Galicie de préférence que commencera le « mouvement offensif » auquel M. Rieger conviait ses frères moscovites dans son discours du 4 juin ? « Vous, Russes, disait-il, vous êtes les premiers dans la défensive, vous avez repoussé l'invasion de Napoléon, vous êtes restés vainqueurs quand toute l'Europe a pris l'offensive envers vous. Maintenant il faut que vous soyez aussi les premiers dans le mouvement offensif. »

Il est probable toutefois que le cabinet de Saint-Pétersbourg ne prendra pas l'offensive, qu'il préférera patienter, attendre, laisser s'accomplir le *procès de dissolution*. Quiconque a étudié le partage de la Pologne, — la grande école de la politique moscovite, — sait que Catherine II n'avait d'abord nullement songé à démembrer ce malheureux pays ; elle voulait seulement empêcher la république de changer de forme de gouvernement, y prévenir par tous les moyens l'établissement d'une monarchie constitutionnelle et forte. Elle ne demandait pas mieux que de laisser une telle république dans l'état où elle était, faible et s'affaiblissant de plus en plus, jusqu'au moment où elle se serait écroulée d'elle-même aux pieds de la tsarine ; ce n'est que l'impatience et l'initiative de la Prusse qui décidèrent l'œuvre de 1772. De même est-il peut-être dans les destinées de la Prusse de forcer encore un jour la main à la Russie dans le partage de l'Autriche. Laissé à ses propres inspirations, le cabinet de Saint-Pétersbourg voudra garder l'expectative et se fier au temps, son grand auxiliaire, auquel il viendra d'ailleurs en aide par des mouvements bien combinés. Il veillera surtout à ce que l'empire des Habsbourg ne puisse se constituer fortement et d'une manière normale, et il continuera ses congrès scientifiques, ses expositions ethnologiques et ses liens *moraux* avec les Slaves. Il excitera, de plus en plus les Tchèques, les Ruthènes, les Croates ; il plaidera leur cause, il sera l'intermédiaire généreux ; il protégera l'Autriche, il deviendra même son ami et se créera un fort parti dans le gouvernement. Déjà aujourd'hui n'y a-t-il pas un parti russe à la *Burg,* auquel l'opinion publique assigne pour chefs le comte Mensdorff, et le vainqueur de Custoza ? Ce parti veut à tout prix gagner l'amitié du tsar, lui sacrifier même la Galicie au besoin, dans l'espoir d'obtenir un protecteur, d'avoir la paix, de « sauver le reste !... » En prenant l'offensive ou en temporisant, en invoquant le dieu Mars ou le dieu Chronos, — et à moins d'une action prompte et résolue de l'Europe, — la Russie est donc également sûre d'arriver à ses fins, d'absorber à un jour donné l'Autriche de concert avec la Prusse, — et alors que deviendra le monde ? Que deviendront l'équilibre, la liberté et la civilisation de l'Occident ? Que fera la France ? Souscrira-t-on à cette « déchéance de la race latine » que proclamait déjà le vieux prince Metternich au moment de mourir ? Ou bien essaiera-t-on d'opposer aux deux grandes agglomérations pangermanique et panslave une grande agglomération *panromane* ? et ira-t-on s'annexer l'Italie et l'Espagne ? Cela sera-t-il possible ? cela sera-t-il seulement, désirable, et les sociétés vieillies et affinées du sud sauront-elles faire contre-poids aux races dures et rudes du nord ?

Lorsque l'on considère ainsi la situation terrible qu'une série de fautes et de malheurs a créée au vieil empire des Habsbourg, lorsqu'on le voit ainsi s'acheminer plus ou moins lentement, mais fatalement vers la décomposition et la ruine, on est presque involontairement amené à se demander si l'Autriche ne ferait pas mieux de ne prendre conseil que de son danger même et de tenter un suprême effort. Si, au lieu d'attendre patiemment les suites mortelles de la propagande panslaviste, elle en demandait compté au fauteur, et, le devançant dans l'offensive, elle transportait la guerre sur ses frontières, sur le point le plus vulnérable de l'empire des tsars ?... Qu'on veuille bien ne pas s'effrayer d'une pareille hypothèse, dans tous les cas si improbable ; qu'on veuille bien, au milieu des tristesses et des ténèbres dont nous entoure la réalité des choses, permettre à la pensée cette échappée, cet éclair d'un moment ! Si donc l'Autriche, tandis qu'elle peut encore disposer du reste de ses forces et que l'attention de l'Occident n'est point détournée par des questions intérieures, — par les questions sociales surtout qui, elles aussi, menacent à l'horizon, — si l'Autriche en appelait au Dieu des armées contre son ennemi principal, l'ennemi qui veut l'éliminer du monde slave, son dernier refuge après qu'elle a perdu l'Italie et l'Allemagne, dans cette lutte suprême elle aurait pour alliée la Turquie, menacée du même sort, la Hongrie, dont l'ardeur ne serait pas douteuse, et il n'est pas jusqu'à la Pologne, si abattue et si agonisante, qui ne deviendrait en de telles occurrences un auxiliaire précieux. Et l'Europe, l'Europe civilisée, l'Europe chrétienne, saurait-elle rester indifférente ou inactive dans un moment aussi solennel où se décideraient les destinées du genre humain ? Serait-il permis de douter de la France, de cette France bien tardivement, mais très généralement revenue de ses préventions contre l'Autriche ? Est-ce l'Angleterre qui voudrait favoriser le Moscovite, qui est déjà dans le Tachkend et à Samarkand et qui convoite Constantinople ? Enfin l'Allemagne, l'Allemagne même prussienne (puisqu'il n'y en a plus d'autre), une fois rassurée du côté du Rhin et contre tout retour des prétentions des Habsbourg sur la Germanie, aurait un intérêt immense, un intérêt vital à favoriser la constitution d'un empire intermédiaire, d'un véritable empire de l'est (*Ostreich*), et à empêcher sous peine de lèse-civilisation, de lèse-humanité, de lèse-Germanie, l'accroissement d'une puissance voisine assez gigantesque, assez formidable déjà et qui prétend régner « de l'Océan-Pacifique jusqu'à l'Adriatique... »

Sortie victorieuse de la lutte, l'Autriche n'aurait pas seulement conjuré le péril immédiat : les provinces polonaises que dans cette lutte elle aurait arrachées à la Russie pourraient lui donner une sève nouvelle, lui rendre en partie du moins ce principe actif et cette force d'impulsion qu'elle puisait autrefois dans sa position en Allemagne et en Italie. La réunion des trois couronnes de la Hongrie, de la Bohême et de la Pologne qui, au XVe siècle, fut amenée pour un moment par l'action du droit féodal, du droit de succession monarchique, pourrait maintenant devenir l'œuvre durable d'une politique fondée sur le droit moderne, l'œuvre de la volonté nationale et des intérêts européens. A vrai dire, ce n'est qu'une telle réunion des trois couronnes qui permet encore de concevoir un empire intermédiaire entre la Russie et l'Allemagne unifiée ; mais un empire ainsi constitué les séparerait territorialement d'une manière efficace, et formerait un contre-poids véritable à ces deux grandes agglomérations, toutes les deux également portées à l'extension et à l'envahissement. Un équilibre nouveau et juste serait de la sorte établi parmi les états, et tant de peuples jeunes et pleins d'aptitude seraient conservés à la civilisation occidentale. Visions chimériques ! utopies pour lesquelles il n'y a point de place dans notre siècle !… Hélas ! nous ne le savons que trop ; mais en voyant une catastrophe des plus sombres menacer la république européenne, que peut faire un écrivain consciencieux, si ce n'est signaler le péril et conclure par une hypothèse et un vœu pour le bien ? L'hypothèse n'est peut-être chimérique que parce que le monde n'a plus d'idéal, et le désir ne semble pieux que parce que les temps sont impies.

Notes

1. O Ross, chaggni, i vsia tvoïa vsélenna !

2. C'est une publication française émanant des bureaux de M. de Valouïev, le ministre de l'intérieur, et destinée à « éclairer » l'opinion étrangère sur les faits et gestes du gouvernement russe.

3. Les détails qui suivent, jusqu'aux expressions, sont empruntés aux journaux russes, notamment à la Gazette de Moscou du 8 mai et au Supplément hebdomadaire du 9 juin.

4. Gazette de Moscou, du 12 mai 1867.

5. M. Saint-René Taillandier a fait connaître à nos lecteurs la principale œuvre de M. Palaçky, l'Histoire de la Bohême. (Voyez la Revue du 15 avril 1855.)

6. Le Politik, les Narodni Noviny (tchèque), le Slovo (ruthène), le Zastava (serbe), etc. Ces correspondances, écrites au passage et pour ainsi dire au débotté, donnent toujours l'impression première et vraie. Les grands journaux russes sont loin d'avoir cette originalité, on y sent l'art et l'apprêt.

7. Citons comme exemple les extraits suivans de la lettre adressée le 18 mai par un député ruthène au journal Slovo : « Nous

avons heureusement atteint la frontière russe après avoir beaucoup souffert dans les wagons autrichiens, où on nous avait entassés par six et huit hommes dans un même coupé. A la gare, nous sortons, nous regardons, et nous voyons devant nous un détachement de. troupes russes venues à notre rencontre avec un bon nombre de fonctionnaires et officiers qui nous saluaient. Les tambours battaient, la musique militaire exécutait une marche, et un déjeuner nous attendait dans la salle, où nous bûmes à la santé de l'empereur russe, de la nation russe et de tous les Slaves. Après le déjeuner, on nous plaça par deux ou trois seulement dans des wagons de première classe : c'était un train express mis à notre disposition il y avait dans ce train un wagon-salon magnifiquement orné et pourvu de tout le comfort désirable ; c'est le même dans lequel voyageait l'impératrice défunte. Nous sommes partis avec la rapidité de l'éclair par ce railway russe, faisant huit lieues et demie par heure… A la première station, on nous donna à manger, et nous bûmes de nouveau du vin de Champagne à la santé de l'empereur russe, de la vaillante armée russe, de la nation russe… Arrivés à Varsovie, nous trouvâmes de très beaux équipages et nous brûlâmes le pavé jusqu'à l'Hôtel de l'Europe, où nous attendaient des chambres très comfortables… Au dîner, dans le club russe, sont venues toutes les sommités de Varsovie, une foule de généraux, d'officiers d'état-major, des sénateurs, des popes et des archipopes en grand costume, environ trois cents personnes… Pendant le dîner, les hourrah : les slava : les jivio ! nous assourdissaient sans cesse… Le soir, on nous mena au théâtre, on nous plaça dans les loges du bel étage (premier rang), etc. »

8.   Voyez le Dziennik de Posen, le Czas de Cracovie et la Gazeta Narodowa de Léopol, du mois de mai 1867.

9.   Courrier de Wilna (journal officiel) du 28 mai.

10.   On écrit à la Gazette (allemande) de Saint-Pétersbourg du 12 juin au sujet de la fête que les dames de Moscou ont offerte aux hôtes slaves : « Au début, les rapports réciproques des dames qui offraient la fête et de leurs hôtes n'étaient pas exempts d'une certaine contrainte. Nos frères, sont des gens fort aimables, de grands publicistes, des savans et des orateurs ; mais le parquet ciré n'est pas leur terrain familier. En outre il a fallu se sonder mutuellement sur les connaissances linguistiques. Le russe était

généralement peu compris, le français n'allait que cahin-caha. Enfin l'aimable amphitryon, Mme de Vizine, prit son courage à deux mains et se mit bravement à parler l'allemand. Aussitôt la glace fut rompue comme par enchantement, et la conversation s'engagea et se poursuivit sur le ton du plus aimable sans-façon. »

11.	Centralblatt für slavische Literatur ; rédacteur J. E. Schmaler (Smoliar).

12.	Pamiatniki latino-polskaho iga, expression de l'Invalide russe du 30 mai.

13.	Invalide russe du 23 mai.

14.	Le Viést de Saint-Pétersbourg du 17 juillet.

15.	Ces mots signifiant littéralement frères nés ensemble, frères de la même mère.

16.	Des termes slaves furent forgés exprès pour des mets connus jusque-là en Russie sous des noms français : . le filet s'appela vyrézka, la salade zélen, etc.

17.	Voyez, dans la Revue du 1er janvier 1850, la Papauté et la Question romaine, par un diplomate russe.

18.	La victoire des Turcs à Kossovo, au XVe siècle, mit fin au royaume serbe, et c'est à la suite de la bataille de la Montagne-Blanche, au début de la guerre de trente ans, que les Tchèques perdirent leur existence nationale.

19.	Danse d'hommes très échevelée, et dont le lecteur peut trouver la description dans les Souvenirs d'un Chasseur, de M. Ivan Tourguénev, traduction de M. Viardot.

20.	Invalide russe du 1er juin.

21.	« Dieu, selon le modèle de sa souveraineté unique dans le ciel, a institué le tsar sur la terre : à l'image de sa toute-puissance, le tsar autocrate ; à l'image de son règne, qui ne passe pas et se continue depuis les siècles et dans les siècles, le tsar héréditaire. Oh ! si tous les peuples comprenaient assez la dignité céleste du tsar et l'ordonnance de l'empire terrestre à l'image céleste !... Tout étant ordonné à l'image céleste, tout serait heureux également à l'image céleste. » Choix de Sermons et Discours, de Mgr Philarète, métropolite de Moscou, t. III, p. 301 et 302.

22.	« Das der slavischen Idee, auf Grundlage der in der

Koeniginhofer Handschrift niedergelegten Rechtsanschazungen, innewohnende demokratische Prinzip... » Correspondance de Saint-Pétersbourg du 29 mai, dans le Politik de Prague.

23.   Voyez dans la Revue du 1er juin 1863, la Pologne et ses anciennes provinces.

24.   , « Au banquet en l'honneur des catholiques récemment convertis à Wilna, un des orateurs, complimentant les néophytes, s'est laissé entraîner jusqu'à dire qu'il préférait l'athéisme orthodoxe aux convictions de la religion catholique... » Viést, Journal de Saint-Pétersbourg du 22 juillet.

25.   « Ein Deutschland mit preussischer Spitse, » le programme du National Verein.

26.   Voyez la Gazette allemande du Nord (l'organe principal de M. de Bismark) du 20 juillet.

27.   « Preussen muss in Deutschland moralische Eroberungen machen, » paroles prononcées par le souverain actuel au moment où il acceptait la régence (allocution du 8 novembre 1858).

28.   Dla Hromad, supplément du journal Slovo (juillet).

29.   Sous ce nom sont désignées les nombreuses associations musicales et gymnastiques parmi les Slaves de l'Autriche.

30.   On lit dans la Gazette de Moscou au 21 juillet : « Sous le patronage de M. Rieger, une agence s'est formée à Prague pour favoriser l'émigration des Tchèques en Russie au lieu de l'Amérique, comme cela se faisait jusque dans les derniers temps. » — « Un Russe de Pétersbourg a acquis dix milles désiatines de terre dans la goubernie de Grodno (en Lilhuanie) et les a proposées aux Tchèques au prix de 3 roubles la désiatine... »

ISBN : 978-1981657544